LE FORGERON
DE LA COUR-DIEU

II
L'EMPOISONNEUSE

Coulommiers. — Typog. A. MOUSSIN.

LE FORGERON

DE LA COUR-DIEU

PAR

PONSON DU TERRAIL

II

L'EMPOISONNEUSE

PARIS
E. DENTU, ÉDITEUR
LIBRAIRE DE LA SOCIÉTÉ DES GENS DE LETTRES
PALAIS-ROYAL, 17 ET 19, GALERIE D'ORLÉANS
—
1869
Tous droits réservés.

LE
FORGERON DE LA COUR-DIEU

LA PUPILLE DES MOINES

L'ORAGE AU LOINTAIN
(SUITE)

XXXVI

Il y eut un nouveau silence entre Benjamin et la comtesse Aurore.

La jeune fille avait eu un cri d'horreur et d'indignation ; elle avait tout d'abord fait la menace de venger sa mère...

Mais tout à coup, son regard s'était éteint, une pâleur mortelle s'était répandue sur son visage et elle avait baissé la tête en murmurant :

— C'est mon père !

— Mademoiselle, dit enfin Benjamin, il faut à

présent que je vous dise la fin de cette lugubre histoire.

Votre mère était morte pendant que le comte des Mazures était en Italie avec la princesse. J'avais reçu son dernier soupir; elle m'avait confié ces lettres et ce coffret, et je lui avais juré de veiller sur vous nuit et jour. Mme des Mazures, la veuve, celle qu'on appelle aujourd'hui la comtesse et qui habite le château de Beaurepaire avec M. Lucien, son fils, n'ouvrait jamais un courrier d'Italie sans tressaillir.

De mois en mois, elle attendait la nouvelle de la mort de la princesse, qui était partie dans un état désespéré.

Mais il faut bien que les méchants soient punis tôt ou tard.

Les ambitieux calculs de Mme des Mazures furent déjoués par la Providence.

La princesse, au lieu de mourir, retrouva, sous le ciel bienfaisant de Nice et de Monaco, une vie nouvelle.

Trois ans après son départ, la cour de Munich, stupéfaite, vit revenir la princesse de Waldener-Carlotenbourg brillante de santé et plus belle que jamais.

Le comte avait appris la mort de Gretchen ; il l'avait pleurée sincèrement.

La princesse ramenait avec elle la première fille

de mon infortunée maîtresse, votre sœur, Mademoiselle.

— Ma sœur ! murmura Aurore avec une sorte d'extase.

Le comte ignorait la vérité. Il ne savait pas que votre mère était morte empoisonnée. Il ignorait que Mme des Mazures, sa belle-sœur, et le chevalier, son frère, avaient été ses bourreaux.

Mais un homme qui savait tout, parla.

— Et cet homme, c'était toi ? fit Aurore.

— Oui, Mademoiselle.

Benjamin essuya encore une larme.

A partir de ce moment, reprit-il, je n'ai jamais bien su ce qui s'était passé.

Le comte et la comtesse Aurore quittèrent Munich.

Les grands biens que la comtesse possédait en Allemagne furent cédés à une branche cadette de la maison de Waldener, moyennant une somme importante, et le comte revint en France, ayant toujours avec lui l'enfant de Gretchen.

La princesse et lui habitèrent Paris durant deux années environ ; puis le comte fit bâtir le premier château de Beaurepaire, et annonça à la princesse qu'ils l'habiteraient désormais.

Je ne sais plus dès lors, Mademoiselle, que ce que tout le monde sait.

— Oui, dit Aurore, une nuit, le feu prit au château...

— Et le comte, sa femme et l'enfant qui passait pour leur fille à tous deux périrent, dit-on, dans les flammes. Mais, voyez-vous, j'ai mon idée là-dessus.

— Parle, dit la comtesse Aurore avec anxiété.

— Je suis convaincu, moi, poursuivit Benjamin, que le comte a mis volontairement le feu au château pour se faire périr avec la princesse, qu'il voulait punir de sa cruauté envers Gretchen.

— Mais... l'enfant?...

— L'enfant a été sauvée par M. de Maurelière.

— Tu crois?

— Oui, car j'ai su que M. de Maurelière était venu au château avec le comte et sa femme.

Maintenant, dit encore Benjamin, après la mort du comte et de sa femme, que nous apprîmes en Allemagne, où le chevalier votre père et Mme des Mazures votre tante étaient restés, tous deux revinrent en France pour se partager l'immense héritage que la princesse devait avoir laissé. Mais ils eurent beau chercher, ils ne trouvèrent que les terres de Beaurepaire.

Une cassette, qui devait renfermer des bons du Trésor et des billets de caisse pour une somme fabuleuse, ne fut jamais retrouvée. Votre père accusa Mme des Mazures de l'avoir trouvée.

La comtesse jure que c'est votre père qui a volé cette cassette. Moi je suis sûr que ni l'un ni l'autre ne l'ont en leur possession.

— Et cependant, selon toi, cette cassette existe?

— Oui, et c'est la dot de votre sœur. Mais où est-elle? qu'est devenue l'enfant?... Voilà ce que j'ignore.

— Eh bien! moi, je sais où est ma sœur.

— Ah! fit le vieux serviteur avec émotion, êtes-vous bien sûre qu'elle vive?

— J'en suis sûre, dit Aurore, et je l'ai vue.

— Mais où ?

— A deux lieues d'ici... chez le forgeron de la Cour-Dieu.

Benjamin tressaillit. Un vague souvenir traversa son cerveau.

Il se rappelait, en effet, qu'on avait souvent parlé, devant lui, d'une jolie demoiselle qui passait pour la nièce du forgeron et que celui-ci élevait.

Mais il ne l'avait jamais vue, ce qui n'était, du reste, nullement extraordinaire, si l'on songeait que Benjamin était vieux, qu'il ne quittait jamais la Billardière, et que le chevalier des Mazures, à qui il continuait de servir de valet de chambre, ne sortait jamais.

— Maintenant, reprit la comtesse, écoute-moi. Il

faut que tu trouves un prétexte aujourd'hui pour quitter le château.

— Je le trouverai, dit Benjamin.

— Il faut que tu ailles à la Cour-Dieu, que tu entres chez le forgeron...

— Après ?

— Que tu voies la jeune fille qu'élève Dagobert. C'est le portrait vivant de sa mère.

— Comment pouvez-vous le savoir ? exclama Benjamin.

— Elle ressemble à ce médaillon.

Et Aurore mit sous les yeux du vieillard ce portrait en miniature de la pauvre Gretchen.

— En êtes-vous sûre ? s'écria-t-il. N'êtes-vous pas le jouet d'une illusion, Mademoiselle ?

— Non, dit-elle, je l'ai vue.

— Quand ?

— Hier soir, lorsque j'ai ouvert ce coffret, lorsque j'ai vu ce médaillon, j'ai été frappée de la ressemblance.

— O mon Dieu ! murmura Benjamin, le premier enfant de ma pauvre maîtresse vivrait donc !

Aurore se leva et s'approcha de la croisée. Les étoiles pâlissaient et les premiers rayons de l'aube glissaient dans le ciel.

La nuit tout entière s'était écoulée pendant que la jeune fille prenait connaissance de la lettre de sa mère et que Benjamin lui complétait cette épouvantable histoire.

Aurore ouvrit la fenêtre et exposa son front pâle et fiévreux à l'air frais du matin.

Le temps était calme; aucun souffle de vent n'inclinait la cime des arbres du parc ; aucun bruit ne se faisait entendre, et la forêt profonde qui bornait l'horizon était pleine de silence et de mystère.

— Ah ! Benjamin, dit la comtesse en prenant la main du vieillard, pendant que tout est tranquille dans la nature, j'ai une tempête dans le cœur !

Benjamin ne répondit pas.

— Une fille ne frappe point son père, continua la comtesse Aurore, le père eût-il été le bourreau de sa mère ; mais elle peut châtier ceux qui l'ont assisté dans son œuvre épouvantable.

— Que voulez-vous dire ? demanda Benjamin.

— Mon père a eu des complices, n'est-ce pas ?

— Oui, dit Benjamin, et il est le moins coupable des trois, car c'est le génie infernal, qu'on appelle maintenant la comtesse des Mazures, qui a tout conduit.

— Eh bien ! je frapperai cette femme.

— Elle et Toinon, dit encore Benjamin.

— Je les frapperai toutes deux ; mais auparavant il faut sauver ma sœur.

— Elle court donc un danger ?

— Le plus grand de tous.

— Mon Dieu !

— Elle est aimée — et peut-être l'aime-t-elle — par mon cousin Lucien.

— Oh ! malédiction !... s'écria Benjamin, cela ne peut être, cela ne sera pas... Le fils de Mme des Mazures, le bourreau de votre mère, ne peut aimer la fille de Gretchen.

— Non, dit Aurore, cela ne sera pas, parce que désormais je prends ma sœur sous ma protection.

Cependant, un doute traversa encore l'esprit de Benjamin.

— Mais, Mademoiselle, dit-il, êtes-vous bien sûre de cette ressemblance ?

— Tu verras toi-même.

Un bruit qui retentit tout à coup vint interrompre la comtesse et Benjamin.

C'était la sonnette du chevalier.

Benjamin s'élança hors de la chambre d'Aurore, et la jeune fille resta seule.

Alors elle prit dans ses mains le médaillon qui représentait Gretchen à vingt ans, et le couvrit de baisers et de larmes.

. . . .

Le chevalier des Mazures avait souffert de la goutte toute la nuit comme un damné.

La douleur physique s'était accrue chez lui d'une torture morale.

Depuis seize ans, le chevalier n'avait pas éprouvé un seul remords peut-être.

Il avait vu sa fille grandir, devenir hautaine et presque cruelle, et cette âme perverse avait joui d'une tranquillité parfaite. Sa fille semblait devoir être sa digne héritière.

Or, voici que tout à coup Aurore changeait du tout au tout.

Elle avait osé le questionner la veille, elle s'était révoltée contre son autorité paternelle ; elle paraissait décidée à savoir quel lien ténébreux existait entre lui et Mme des Mazures.

La révolte d'Aurore, n'était-ce pas le sang de Gretchen qui parlait tout à coup?

Cette idée avait tourmenté le chevalier pendant toute la nuit.

Plusieurs fois il avait appelé Benjamin à son aide. Benjamin couchait ordinairement dans une pièce voisine de la chambre du chevalier. Benjamin n'avait pas répondu.

Où donc était-il?

Alors les rares cheveux blancs du chevalier s'étaient hérissés, tandis que quelques gouttes de sueur perlaient à son front.

Aurore ne s'était-elle pas enfermée avec Benjamin? Ne le questionnait-elle point?

Et le chevalier avait fait des efforts inouïs pour quitter son lit et se traîner jusqu'à la porte.

Mais le mal l'avait vaincu.

Ce n'avait été qu'au matin qu'il avait pu se soulever, se mettre sur son séant, atteindre le cordon de sonnette qui se trouvait dans son alcôve et le secouer violemment. Alors Benjamin était accouru.

Le vieux valet avait assisté depuis trente années à tant de lugubres tragédies, qu'il avait su se faire un front impassible.

Le chevalier eut beau darder sur lui un regard investigateur.

Benjamin avait ce visage calme et froid qu'on lui avait toujours connu.

— Mais d'où viens-tu donc ? où étais-tu ? gronda le chevalier.

— J'ai été malade cette nuit, dit Benjamin.

— Et tu es sorti ?

— Je suis allé me promener dans le parc, répondit le vieux valet.

— Où est ma fille ?

— Mais je crois qu'elle dort encore, répliqua Benjamin d'un air indifférent.

— En vérité !

— Il est à peine sept heures du matin.

Les réponses du valet rassurèrent un peu le chevalier.

— Benjamin, dit-il, il faut que tu ailles à Ingrannes ce matin.

Benjamin tressaillit. Le chevalier paraissait aller au-devant des intentions de la comtesse Aurore. Il ajouta :

— Il y a, m'a-t-on dit, à Ingrannes, une sorte de rebouteux dont on dit merveille et qui guérit la goutte. Il faut que tu ailles me le chercher.

— J'irai, dit Benjamin.

Et le vieux valet se dit :

— Pour aller à Ingrannes, il faut passer à la Cour-Dieu... Je pourrai donc voir cette jeune fille, qui est peut-être le premier enfant de la pauvre Gretchen !

XXXVII

Le chevalier continua :

— On m'a dit le nom de cet homme : il s'appelle le père Jacob. Tu le ramèneras le plus tôt possible, et tu lui assureras qu'il sera bien payé.

— Oui, Monsieur, dit Benjamin.

Et il quitta la chambre du chevalier et regagna sur la pointe du pied celle d'Aurore. La jeune fille pleurait toujours.

— Ma bonne, ma chère maîtresse, dit le vieillard, essuyez vos larmes et prenez un peu de repos. Le prétexte que je devais chercher pour aller à la Cour-Dieu est inutile. Votre père m'envoie à Ingrannes.

— Vrai ! fit Aurore en se redressant et regardant Benjamin.

— Et je pars sur-le-champ.

En effet, quelques minutes après, Benjamin était à cheval.

C'était un grand vieillard encore vert, aux cheveux épais et couleur de neige, et qui portait si gaillardement ses soixante-quinze ans, qu'on lui en eût à peine donné soixante. Il ne vivait pas à la Billardière sur le même pied que la domesticité.

Bien qu'il eût conservé auprès du chevalier les fonctions de valet de chambre, il ne portait pas de livrée, mangeait seul, et les gens du château l'appelaient M. Benjamin. Son costume tenait le milieu entre l'habit du bourgeois et celui du petit gentilhomme de province.

Il ne portait pas l'épée, mais il montait à cheval avec des bottes montantes, et on pouvait le prendre à la rigueur, en le rencontrant par les chemins, enfourchant un solide bidet percheron, pour un hobereau regagnant sa gentilhommière.

Benjamin sortait si rarement, que ce fut un événement dans la cour du château quand on le vit se mettre en selle.

Mais comme il n'avait pas l'habitude de conter ses affaires, il ne dit à personne où il allait. On le vit se diriger vers la forêt, puis disparaître au premier carrefour.

Bien qu'il fût étranger au pays, Benjamin connaissait parfaitement la forêt, et il prit tout droit la route de la Cour-Dieu ; le couvent n'était pas à plus d'une demi-lieue du village d'Ingrannes.

Pendant le trajet, en proie à une rêverie triste et profonde, Benjamin essuya plus d'une fois une grosse larme sur ses joues amaigries, jaunes et durcies comme du parchemin. Il songeait à Gretchen.

Quelquefois, il s'arrêtait net, comme s'il eût voulu réprimer les battements de son cœur, tout entier à l'espérance de retrouver ce premier enfant de sa chère maîtresse. Quelquefois aussi le doute s'emparait de lui et il se disait :

— Que prouve une vague ressemblance entre une tête de jeune fille et un portrait ?

Mlle Aurore est peut-être le jouet de quelque cruelle illusion.

Il fit donc le chemin de la Billardière à la Cour-Dieu en proie à ces alternatives de doute et d'espérance.

Enfin, au bout de deux heures de marche pendant lesquelles il avait presque constamment trotté, il atteignit la route provinciale de Pithiviers, laquelle, comme l'on sait, passait devant la forge de Dagobert. Quand il fut là, il mit son cheval au galop.

Puis, au lieu de s'arrêter à la forge et de prendre le chemin d'Ingrannes, qui était perpendiculaire à celui de Pithivers, il fit une centaine de pas sur cette dernière route.

De cette façon, il devenait tout naturel qu'il parût se tromper et revînt demander s'il était bien sur la route d'Ingrannes.

Dagobert n'était pas dans sa forge; il travaillait à l'intérieur du couvent.

Cependant, la forge était ouverte.

Et, en passant, le vieux Benjamin aperçut Jeanne assise sur le seuil.

C'était précisément le lendemain de ce jour où le forgeron avait si rudement éconduit le comte Lucien des Mazures.

Benjamin passa comme l'éclair.

Mais il eut le temps de voir Jeanne, et il sentit tout son sang affluer à son cœur.

Avec ses cheveux blonds, son attitude rêveuse et triste, la jeune fille lui avait sur-le-champ rappelé la pauvre Gretchen.

Au bout de cent pas, il fit donc volte-face et revint précipitamment vers la forge. Là, il s'arrêta net et dit :

— Hé! ma belle enfant... un mot, je vous prie.

Jeanne se leva et s'approcha en disant :

— Que désirez-vous, Monsieur?

Benjamin avait jugé d'un coup d'œil que Jeanne était seule.

— Ma belle enfant, dit-il d'une voix émue et en essayant d'apaiser les battements de son cœur, suis-je bien sur le chemin d'Ingrannes?

Et en faisant cette question, il disait :

— C'est la vivante image de Gretchen! Quelle autre que sa fille lui pourrait donc ressembler ainsi?

— Non, Monsieur, répondit Jeanne, vous vous trompiez tout à l'heure, et vous seriez allé tout droit à Pithiviers.

— Alors, le chemin d'Ingrannes, c'est celui-ci?

— Oui, Monsieur.

— Est-ce bien loin?

— Non, tout près.

Et de même que Benjamin était ému, la jeune fille paraissait elle-même en proie à une curiosité anxieuse, et elle regardait le vieillard avec une sorte d'avidité.

Peut-être un vague souvenir traversait-il son esprit.

C'est que Benjamin, avec son habit gris, ses grandes bottes et sa tournure cavalière, avait quelque ressemblance avec un gentilhomme que Jeanne revoyait dans les brumes de sa mémoire enfantine.

— Ah ! vraiment, dit-il, c'est tout près ?

— Une demi-lieue.

Benjamin la regardait toujours et ne se pressait pas de la remercier et de se remettre en chemin.

— C'est donc la première fois que vous passez par ici, Monsieur ? demanda Jeanne.

Et sa voix tremblait un peu en faisant cette question si simple.

— Oui, Mademoiselle.

— Vrai ?

Et elle continuait à le regarder.

— Je vous le jure.

Alors une rougeur subite empourpra le front de la jeune fille.

— Pardonnez-moi... excusez-moi... dit-elle. Il m'avait semblé... Mais non... Une vague ressemblance... Monsieur, je suis bien votre servante.

Elle lui fit une révérence et voulut rentrer dans la forge, mais Benjamin la retint d'un geste et d'un sourire.

— Ma belle enfant, dit-il, vous trouvez donc que je ressemble à quelqu'un que vous avez connu ?

— Oui, Monsieur... ou, du moins, je le crois... Mais il y a si longtemps déjà... Sept ou huit ans, et j'étais alors toute petite.

Benjamin ne bougea pas et attendit.

Ce que voyant, la jeune fille continua :

— Tout à l'heure, en vous voyant de loin arriver au galop, j'ai eu un battement de cœur... Il m'a semblé que je revoyais un homme que j'appelais mon oncle et que j'ai vu ici pour la dernière fois.

Benjamin tressaillit. Il jeta un regard autour de lui. La route était déserte, la porte du couvent fermée, et la jeune fille était seule. Un désir ardent de savoir s'était emparé de lui.

Quant à Jeanne, elle se laissait aller à une confiance involontaire en regardant cet homme à cheveux blancs qui paraissait si doux et si bon.

— Et c'est ici que vous l'avez vu pour la dernière fois ? dit Benjamin.

— Oui, Monsieur.

— Il vous a donc quittée, abandonnée peut-être ?

Et la voix de Benjamin tremblait légèrement.

— Ah ! il y a si longtemps, reprit-elle, que ce n'est plus dans ma mémoire qu'un souvenir confus. Tout ce que je puis vous dire, c'est que nous courions à travers les bois, pendant une nuit où le ciel était tout rouge.

Mon oncle m'avait placée en travers de la selle et il me serrait dans ses bras.

— Ah ! fit Benjamin, le ciel était tout rouge ?

— Oui, Monsieur, et on entendait retentir des cloches au loin.

— Continuez, mon enfant, dit Benjamin avec émotion.

— Il faisait bien froid, et le vent passait au travers du manteau dans lequel mon pauvre oncle m'avait enveloppée. Nous arrivâmes ici.

Alors mon oncle descendit de cheval et me porta auprès du feu de la forge.

Après cela, je ne me souviens plus de rien.

Que s'est-il passé? je l'ignore. Je m'étais endormie, et quand je m'éveillai, je ne trouvai plus auprès de moi que Dagobert qui me regardait avec tendresse.

— Qu'est-ce que Dagobert?

— C'est le forgeron d'ici, c'est mon ami, c'est mon protecteur, et je l'aime comme mon père.

— Ma chère enfant, dit Benjamin, je voudrais bien être votre oncle, car vous êtes une belle et charmante jeune fille, mais, malheureusement, ce n'est pas moi qui vous ai amenée ici.

Et Benjamin, qui ne pouvait plus contenir son émotion, prit brusquement congé de Jeanne en la saluant, et lança son cheval sur le chemin d'Ingrannes.

— Oh! se disait-il, tandis que le cheval galopait, je ne puis plus douter, maintenant. Cet homme, qu'elle appelait son oncle, c'était M. de Maurelière.

Cette nuit où le ciel était rouge et où l'on entendait les cloches, c'était la nuit de l'incendie du château de Beaurepaire.

C'est bien celle que nous cherchions, c'est bien la fille de Gretchen que je viens de retrouver.

Et Benjamin éperonnait son cheval et galopait comme un jeune homme, tant il avait hâte d'être de retour à la Billardière et de revoir la comtesse Aurore.

Il arriva à Ingrannes et se fit indiquer la maison du rebouteux.

Le rebouteux lui promit de se rendre au château sur-le-champ.

Alors Benjamin repartit au galop en lui disant :

— Mon pauvre maître souffre si cruellement que lorsque je lui apprendrai que vous me suivez, il éprouvera un peu de soulagement.

Benjamin était parti au petit jour, et il n'était pas midi lorsqu'il fut de retour à la Billardière. Aurore était à sa fenêtre.

Quand elle vit Benjamin entrer dans la cour, elle courut à sa rencontre.

Benjamin ne prononça que deux mots, mais ces deux mots montèrent de son cœur à ses lèvres comme un ouragan de joie :

— *C'est elle !*

XXXVIII

Vingt-quatre heures s'étaient écoulées.

Aurore n'était point montée à cheval, comme l'on aurait pu le croire, elle n'avait pas couru à la Cour-Dieu pour y prendre Jeanne dans ses bras, la couvrir de baisers et lui dire :

— Tu es ma sœur !

Non pas que, dans un élan du cœur, elle n'eût voulu le faire ; mais le vieux Benjamin l'en avait empêchée.

— Mademoiselle, avait-il dit à Aurore, Jeanne, la fille de votre mère, n'a point été abandonnée, croyez-le bien, à la forge de la Cour-Dieu sans une cause sérieuse, et cette raison, vous la devinez, n'est-ce pas ?

— Oui, avait répondu Aurore en baissant les yeux ; on craignait que mon père... que ma tante... ne pussent faire d'elle ce qu'ils ont fait de ma mère.

— C'est cela, dit Benjamin d'un signe de tête.

Et baissant encore la voix :

— Vous comprenez bien maintenant ce qu'est devenue la cassette emplie de bons du Trésor et de billets de caisse.

— Oui, certes.

— Ceux à qui l'on a confié Jeanne conservent ce trésor, peut-être à son insu, mais pour le lui restituer fidèlement un jour.

— Penses-tu donc qu'il soit dans les mains du forgeron ?

— Non, je ne crois pas, mais...

— Mais ? fit Aurore.

— On doit l'avoir confié à un moine du couvent.

— En vérité !

— Ne vous ai-je pas dit que le lendemain du mariage de Gretchen avec le chevalier des Mazures, poursuivit Benjamin, MM. de Maurelière et de Beauvoisin avaient quitté Munich ?

— En effet.

— Et que le dernier, au lieu de retourner à Paris, était allé s'ensevelir dans un cloître ?

— Eh bien ? fit Aurore rêveuse.

— Eh bien ! ce moine est peut-être à la Cour-Dieu... et peut-être même que ce moine a nom dom Jérôme.

— Oh ! si cela était...

— Écoutez encore, Mademoiselle, dit Benjamin. J'ai vu couler vos larmes, je vous sais bonne maintenant, et je sens que l'âme de ma pauvre Gretchen est en vous. Je puis donc compter sur votre affection pour cette sœur dont vous ignoriez hier l'existence.

— C'est-à-dire, répondit Aurore, que je consacrerai ma vie à la protéger, à la défendre, à assurer son bonheur.

— Alors, soyons prudents, dit Benjamin, et donnez-moi jusqu'à demain pour réfléchir au parti que nous devons prendre.

Cette conversation avait eu lieu entre le vieux serviteur et la comtesse Aurore, au débotté du premier, comme l'on dit, tout de suite après qu'il était sorti de chez le chevalier, à qui il avait annoncé la prochaine arrivée du rebouteux.

Le chevalier souffrait comme un damné; il poussait des cris qui retentissaient lugubrement à travers tout le château.

Jamais peut-être, depuis sept ou huit ans qu'il était venu à la Billardière pour la première fois, son accès n'avait été aussi fort.

C'était presque en désespoir de cause qu'il avait songé à ce rebouteux de village qui opérait, disait-on, des cures merveilleuses.

Le rebouteux arriva une heure après Benjamin.

C'était un petit homme sec, aux yeux profondément enfoncés sous d'énormes sourcils grisonnants, aux lèvres minces, au visage allongé, et dont la physionomie avait quelque chose d'austère et de solennel qui devait certainement agir sur le moral des paysans, sa clientèle ordinaire, sinon unique.

Cet homme fut introduit dans la chambre aussitôt qu'il arriva.

Benjamin l'accompagnait.

Il regarda le malade, qui attachait sur lui un œil avide, garda le silence pendant quelques secondes, et finit par dire :

— Monseigneur, je vous guérirai, si vous ne craignez pas de dormir pendant un jour plein et la nuit suivante.

On était encore sous le régime féodal, et un paysan n'eût jamais osé donné à un noble une autre qualification que celle de monseigneur.

— Si je veux dormir ! s'écria le chevalier, mais il y a trois jours que je ne puis fermer l'œil.

— Alors, dit le rebouteux, je vais vous endormir ; seulement, pour cela, il faut que je descende au jardin.

En effet, le père Jacob — c'était son nom — se fit conduire dans le potager de la Billardière, et il cueillit çà et là certaines plantes parasites oubliées le long des plates-bandes par le râteau du jardinier.

Puis il s'en alla à la cuisine et fit bouillir le tout, composant ainsi une sorte de potion qu'il apporta au chevalier en lui disant :

— Ça va vous endormir, et si profondément même, que je vous frictionnerai les jambes sans que vous vous en aperceviez.

Le chevalier, dont les souffrances étaient intolérables, avala d'un trait ce jus d'herbes mystérieux.

L'effet en fut foudroyant.

Dix secondes après, le chevalier cessa de crier.

— Oh! dit-il, il me semble que je m'en vais et qu'on me descend dans un puits, tant j'ai froid. Il me semble encore... que...

Mais la langue s'épaissit tout à coup et demeura collée à son palais.

En même temps, ses yeux se fermèrent.

Benjamin regarda alors le rebouteux avec inquiétude.

— Ah çà! vous ne l'avez pas tué, au moins?

— Non, dit le rebouteux; seulement, il dort, et tout son corps est insensible.

— Ah!

— Et c'est précisément ce que je veux.

— Pourquoi?

— Parce que je le frictionnerai aux parties malades sans le faire souffrir.

— Et qu'attendez-vous de cette friction?

— La guérison de l'accès.

Le rebouteux paraissait sûr de son affaire. Benjamin le laissa faire.

Aurore n'était point entrée chez son père comme à l'ordinaire, prenant pour prétexte leur explication pleine d'aigreur de la veille.

Mais, en réalité, depuis qu'elle avait lu le manuscrit de sa mère morte, depuis que Benjamin avait complété ce triste récit, Aurore se sentait l'âme pleine d'horreur, et elle se demandait comment un tel misérable pouvait être son père.

Le rebouteux opéra frictions sur frictions sur le bas des jambes et les orteils du goutteux qui paraissait en proie à une catalepsie complète.

Puis il annonça qu'il reviendrait le lendemain et qu'il était sûr de trouver son malade complétement rétabli.

Alors, quand il fut parti, Aurore entra.

Benjamin était au chevet du chevalier.

— Il dort, comme vous voyez, dit-il à la jeune fille.

Pâle, frémissante, Aurore contemplait le chevalier, qui était comme mort, et elle dit d'une voix sourde :

— Voilà donc l'homme qui a tué ma mère.

— S'il ne l'a point tuée lui-même, répondit Benjamin, du moins a-t-il laissé faire les assassins et les bourreaux.

— Oh ! fit Aurore avec un accès de désespoir, est-il donc possible que je sois la fille de cet homme ?

Benjamin ne répondit pas.

Aurore reprit :

— Quand tu as été parti ce matin, mon vieil ami,

je me suis jetée à genoux, j'ai demandé pardon à Dieu pour toutes mes fautes de jeunesse; j'ai supplié ma sainte mère, dont je couvrais l'image de baisers ardents, de m'inspirer, du fond de sa tombe, la conduite que je devais tenir désormais. Et ma mère m'a répondu...

— Ah! fit Benjamin.

— Une voix secrète s'est élevée dans mon cœur, que j'ai compris être la sienne.

— Et que vous a dit cette voix, Mademoiselle?

— Qu'une fille ne pouvait punir son père, mais qu'elle avait le droit de se séparer de lui à tout jamais.

— Que comptez-vous donc faire? dit Benjamin avec une vague inquiétude.

— Faire en cachette nos préparatifs de départ.

— Ah !

— Demain soir, quand mon père sera couché, nous monterons à cheval tous les deux.

— Et où irons-nous?

— A la Cour-Dieu, d'abord.

Benjamin tressaillit.

— Là, je verrai celle qui est ma sœur; je lui raconterai l'histoire de notre mère, et je la déterminerai à nous suivre.

— Mais où?

— A Paris, et certes Paris est assez vaste pour

que nous puissions nous y cacher et déjouer toutes les poursuites de mon père et de ma tante. D'ailleurs, mon père ne songera pas à me poursuivre.

— Vous croyez?

— Oui, car je lui laisserai une lettre qu'il trouvera le lendemain et dans laquelle je lui dirai que je sais tout.

Un père, si pervers qu'il soit, n'affronte pas aisément le mépris de sa fille.

Le chevalier, tandis que Benjamin et la comtesse Aurore causaient à son chevet, était aussi immobile, aussi raide qu'un cadavre. Le soir vint, puis la nuit s'écoula.

Le lendemain, Benjamin entra dans la chambre et trouva son maître dans le même état.

Le chevalier n'avait pas remué, et on eût pu croire qu'il était mort.

Cependant, en appuyant l'oreille sur sa poitrine, on entendait distinctement les battements de son cœur.

Aurore qui revint le voir constata pareillement ce singulier cas de catalepsie.

Une partie de la journée s'écoula, et quand le rebouteux revint, le chevalier n'avait pas encore rouvert les yeux.

— Ça ne fait rien, dit-il à Benjamin, il n'y a pas de danger. J'ai l'habitude de me servir de ce remède sur des paysans qui sont généralement plus robustes. Votre maître est un homme usé, et la dose a été un peu forte. Il dormira jusqu'à demain matin, voilà tout.

Et quand le rebouteux fut parti, Benjamin dit à la comtesse Aurore :

— Mademoiselle, puisque vous parlez de partir, autant partir ce soir même.

— J'y songeais, répondit Aurore, mais Jeanne consentira-t-elle à me suivre sur-le-champ?

— Je ne sais pas, dit le vieux serviteur.

— Eh bien! dit Aurore, je vais aller à la Cour-Dieu.

— Bon!

— Je la verrai. Je parlerai à Dagobert... je lui dirai quel danger elle court....

— En effet, observa Benjamin, la comtesse ne se tiendra pas tranquille en apprenant que son fils aime la pupille du forgeron.

— Je le crains, dit Aurore.

— Elle voudra la voir, poursuivit Benjamin, et, si elle la voit, elle sera frappée de la ressemblance qu'a la jeune fille avec votre mère... Dès lors le génie infernal de cette femme se mettra à l'œuvre...

— Oh! tu as raison, dit la jeune fille. Va me faire seller un cheval, je pars.

— Vous irez à la Cour-Dieu ce soir?

— Oui.

— Seule ?

— Toute seule. Tu sais bien que je n'ai peur de rien, et qu'on m'a souvent appelée Jeanne chasseresse ?

Le vieux Benjamin s'inclina et sortit pour aller exécuter les ordres de sa jeune maitresse.

XXXIX

Il y avait une chose que le père Jacob, le rebouteux, n'avait pas dite et qu'il ne savait peut-être pas lui-même, c'est que le breuvage, composé d'herbes sauvages, qu'il faisait prendre à ses malades et qui les paralysait, ne produisait cependant qu'une catalepsie partielle.

Le corps était privé de mouvement, les yeux demeuraient clos, la bouche se fermait, la langue était paralysée, mais l'ouïe restait libre et le prétendu dormeur conservait toute son intelligence.

Qu'on juge à présent de ce que dut éprouver le chevalier des Mazures, pensant et entendant, lorsque Benjamin et la comtesse Aurore se mirent à parler librement à son chevet.

Le matin, il n'avait eu que des soupçons.

Maintenant, il avait une certitude.

Benjamin avait parlé.

Il avait appris à la jeune fille que sa mère était morte assassinée, et Aurore avait désormais horreur de lui.

Pendant sept ou huit heures, le chevalier souffrit mille morts.

Il était une chose à laquelle cet homme souillé de tous les crimes n'avait jamais songé durant sa longue existence pleine de forfaits et de trahisons, — c'était que sa fille serait quelque jour instruite de son infamie, et qu'alors il serait en butte sinon à sa haine, au moins à son mépris.

Cette pensée tortura pendant plusieurs heures cette âme enfermée dans un corps sans mouvement.

Sous cette apparence de sommeil profond couvait une rage folle, une tempête de fureur et de vengeance.

Si Benjamin, causant familièrement avec Aurore de cette sœur mystérieusement élevée à l'ombre du couvent de la Cour-Dieu, avait pu se douter que son maître ne perdait pas un mot de ce qu'il disait, il eût frémi de la tête aux pieds.

Le chevalier avait désormais son secret.

Il entendit Aurore annoncer au vieux serviteur qu'elle allait à la Cour-Dieu, qu'elle verrait Jeanne, qu'elle la préparerait à une fuite prochaine.

Ainsi donc, non-seulement il était menacé de l'abandon de sa fille, mais encore, il apprenait ce qu'il ne savait pas, l'existence de cette enfant qu'il croyait morte depuis huit ans.

Dès lors, une révélation tout entière se faisait dans son esprit.

Jeanne n'était pas morte, et le comte des Mazures, son père, avant de mourir, avait veillé au salut de cette fille.

Il y avait mieux sans doute ; cette fortune immense, objet de la double convoitise du chevalier et de la mère de Lucien, cette fortune que tous deux avaient cherchée vainement, s'accusant réciproquement de l'avoir volée, elle existait donc à l'état de dot pour la première fille de Gretchen, et sans doute que ceux qui l'avaient élevée dans l'ombre en étaient les dépositaires.

L'amour de l'or triompha chez le chevalier de ce premier sentiment d'épouvante qu'il avait éprouvé en songeant que sa fille allait le mépriser et le haïr.

Et cette âme indomptable qui veillait dans ce corps paralysé, se livra alors à des calculs diaboliques, à des machinations infernales.

D'abord, elle résolut la perte de Benjamin.

Benjamin était peut-être le plus sérieux obstacle à la réalisation de ses plans.

Aurore était jeune ; Aurore était sa fille ; Aurore,

le voyant quelque jour à genoux devant elle, lui, son père, demandant pardon, s'accusant, rejetant tout l'odieux de sa conduite sur Mme des Mazures, Aurore le croirait si Benjamin n'était plus là pour lui dire :

— Cet homme a menti.

Et, dès lors, le chevalier pourrait redevenir l'objet de l'affection d'Aurore et prendre Jeanne avec lui, et la dépouiller avant que la jeune comtesse eût songé à se défier.

Il se dit tout cela, cet homme, dont les lèvres étaient serrées et les yeux clos, qui ne remuait pas plus qu'un mort et qui cependant avait entendu jusqu'aux soupirs de sa fille.

Il sentait qu'elle était encore là, assise à son chevet, pendant que Benjamin sellait son cheval.

Enfin, Benjamin revint.

— Le cheval est prêt, Mademoiselle, dit-il.

— Bien, répondit-elle, je pars.

— Mais, Mademoiselle... dit le vieux serviteur.

— Quoi, Jean ?

— Reviendrez-vous avant demain matin ?

— Oui, pourquoi ?

— Le rebouteux, en s'en allant, m'a dit que M. le chevalier reviendrait à lui un peu tard dans la soirée.

— Je le sais.

— Que son accès de goutte serait passé.

— Eh bien ?

— Que, dès lors, il pourrait se lever, aller et venir comme à l'ordinaire.

Aurore regardait Benjamin et ne savait où il en voulait venir.

— Alors, continua le vieillard, il peut se faire que M. le chevalier demande à vous voir.

— Tu lui diras que je suis couchée.

— Et s'il veut entrer dans votre chambre?

— Ah! c'est juste, fit Aurore pensive. Eh bien! je tâcherai d'être de retour dans deux heures.

— Et si cependant il revient à lui auparavant...

— Tu lui diras que je suis allée me promener dans le parc.

Et la comtesse Aurore partit.

Le chevalier, qui avait conservé toute sa finesse d'ouïe, l'entendit descendre l'escalier; puis le bruit du cheval sur le pavé de la cour monta jusqu'à lui.

Alors, quelque chose se passa dans l'âme du chevalier, qui ressemblait à ce qu'éprouverait un homme enterré vivant et qui se réveillerait dans son cercueil.

Désormais, ce corps sans vie, enfermant une âme vivante, lui faisait l'effet d'un sépulcre. Il se révoltait contre cette prison de chair dont il ne pouvait briser les parois.

Quand donc la prédiction du rebouteux se réaliserait-elle?

Quand donc reviendrait-il à lui ?

Benjamin était toujours assis auprès du lit.

Le chevalier ne pouvait le voir, mais il le sentait; il entendait la respiration saccadée du vieillard, et sa haine pour lui s'en augmentait.

Pendant quinze ans, Benjamin avait fait trembler le chevalier, car il était demeuré auprès de lui, non comme un serviteur, mais comme l'exécuteur testamentaire de la pauvre Gretchen, comme le protecteur de sa fille.

Maintenant le chevalier comprenait qu'il fallait que cet homme disparût et que la victoire qu'il rêvait n'était possible qu'au prix de cette disparition.

Et l'âme infernale du chevalier trouva sur-le-champ le moyen de se débarrasser de Benjamin.

Cependant, la catalepsie touchait à son terme.

Le chevalier, qui n'éprouvait d'autre sensation que la perception des sons, sentit tout à coup une légère chaleur au creux de l'estomac; puis cette chaleur descendit le long de ses membres, remonta ensuite vers le cou, colora ses joues, et les dents se desserrèrent un peu.

Benjamin entendit un soupir.

Le vieillard frissonna, car il y avait à peine une heure que la comtesse Aurore était partie, et à peine pouvait-elle être arrivée à la Cour-Dieu.

La chaleur augmenta, les lèvres s'ouvrirent toutes

grandes; un nouveau soupir souleva la poitrine du chevalier.

Et tout à coup ses paupières entr'ouvertes livrèrent passage à un regard qui s'arrêta sur Benjamin.

Depuis sept ou huit heures qu'il dialoguait avec lui-même, le chevalier avait eu le temps d'étudier son rôle.

Le premier regard qu'il attacha sur Benjamin fut donc hébété, puis sa langue se délia :

— Où suis-je? dit-il.

— Comment vous trouvez-vous, Monsieur? demanda Benjamin.

— Ah! c'est toi?

— Oui, Monsieur.

— J'ai donc dormi?

— Plusieurs heures, Monsieur.

— Ah! vraiment?

— Souffrez-vous toujours, Monsieur.

— Aïe! répondit le chevalier. Oh! oui... je souffre... toujours... et beaucoup...

Le chevalier essaya de se mettre sur son séant ; ais, soit effet calculé, soit faiblesse réelle, à peine se ut-il soulevé qu'il retomba.

— Oh! je souffre... je souffre... dit-il.

— Cependant, Monsieur, dit Benjamin étonné, le ebouteux avait dit...

— Ton rebouteux est un âne! dit le chevalier avec colère... Aurore! où est Aurore?

— Mais... Monsieur...

— Si Aurore était là, elle me rendrait un service, continua le chevalier... mais elle est couchée... sans doute...

— Oui, Monsieur... balbutia Benjamin, bien sûr désormais que le chevalier ne pourrait quitter son lit.

— Oh! que je souffre! hurlait le chevalier.

— Mais, Monsieur, dit Benjamin, ce service que mademoiselle pourrait vous rendre... ne puis-je, moi...

— Je ne sais pas... Aurore connaît la bouteille... tandis que toi...

— Quelle bouteille?

Le chevalier avait au cou une clé suspendue par un fil de soie rouge.

— Prends cette clé, dit-il.

— Bon! fit Benjamin.

— Tu vois ce placard?

— Oui, Monsieur.

— Il y a plusieurs bouteilles dedans. Ouvre-le.

Benjamin obéit.

— L'une de ces bouteilles contient une liqueur bleuâtre, qui n'est autre que de l'élixir de la grande Chartreuse.

— Fort bien.

— Quelquefois une ou deux gorgées me soulagent. Cherche...

— Monsieur, dit Benjamin qui tremblait que le chevalier ne lui envoyât chercher sa fille, serait-ce celle-là?

— Je ne sais pas... je ne puis voir... débouche-la...

— Bon!

— Porte-la à tes lèvres, et si le goût est légèrement acidulé... c'est ça...

Benjamin prit la bouteille et la fit passer entre son œil et le flambeau qu'il avait à la main.

Le contenu de cette bouteille avait, en effet, une couleur bleue.

— Goûte-la, dit le chevalier.

Benjamin posa le flambeau sur la cheminée, déboucha la bouteille dont le bouchon était recouvert d'une capsule de métal, et la porta sans défiance à ses lèvres.

L'œil du chevalier s'était attaché sur lui avec une anxiété féroce.

Ce fut instantané et foudroyant comme l'éclair.

A peine la liqueur mystérieuse eut-elle touché les lèvres de Benjamin, que celui-ci rejeta vivement la bouteille, étendit les bras, recula brusquement et tomba à la renverse.

— Allons! allons! murmura le chevalier avec un rire cruel, il est toujours bon d'avoir chez soi un flacon d'acide prussique.

Et il sauta au bas de son lit, ingambe et leste comme à vingt ans, et il poussa du pied le corps inerte de Benjamin.

Benjamin était mort.

— Maintenant, dit-il encore, il s'agit de faire disparaître cette charogne avant que ma chère Aurore revienne!

XL

Benjamin était donc mort, et le chevalier des Mazures n'avait plus rien à craindre de lui.

Mais qu'allait-il faire de ce cadavre?

En admettant qu'il pût le cacher, ne faudrait-il pas tôt ou tard avouer que le vieux serviteur n'était plus?

Le chevalier, une fois debout, alla fermer la porte au verrou.

Ordinairement, Benjamin seul était dans sa chambre, mais enfin il pouvait se faire qu'un domestique vînt; et M. des Mazures avait besoin de réfléchir et de prendre un parti.

Benjamin avait d'abord laissé tomber la bouteille; puis il s'était affaissé.

Tout cela avait fait un certain bruit.

Ce bruit pouvait avoir donné l'éveil soit aux gens de l'office soit aux femmes de chambre d'Aurore.

En fermant la porte au verrou, le chevalier agissait donc prudemment.

Il n'était pas homme à éprouver le moindre remords de son crime; par conséquent, il ne perdit point la tête.

Et se recouchant tranquillement, il attendit.

Aurore était partie depuis un peu plus d'une heure; elle était allée à la Cour-Dieu, le chevalier le savait; par conséquent, elle ne pouvait revenir encore.

Or, plus d'un quart d'heure s'écoula et personne ne vint. C'était une preuve que ni le bruit de la bouteille tombant sur le parquet, ni la chute du corps n'avaient été entendus.

Alors le chevalier se releva.

Il commença d'abord par constater que la bouteille ne s'était point brisée.

Un épais tapis qui couvrait la chambre avait amorti le choc; en outre, il n'y avait que quelques gouttes du liquide corrosif répandu.

Il était facile de faire disparaître ses traces.

Un tison, que le chevalier détacha du feu, roula sur le tapis à la place même et se mit à le brûler lentement. Comme la laine ne brûle que difficilement et que, sous le tapis, au lieu d'être parqueté, le sol était dallé de larges pierres bleues et blanches posées en losanges, il n'y avait à craindre aucun incendie.

Le tapis brûlerait cinq ou six heures, circulairement et peu à peu, avant que le feu atteignît un meuble quelconque. Cette précaution prise, M. des Mazures revint au cadavre.

La Billardière, nous l'avons déjà dit, était un château moderne ou plutôt un pied-à-terre de chasse que le chevalier avait construit lui-même.

Il ne s'y trouvait donc ni oubliettes, ni chambre noire, ni une cachette quelconque qui pût servir de tombeau au malheureux.

Quant à l'emporter hors du château pour l'aller jeter dans quelque puits, il n'y fallait pas songer, en admettant même que le chevalier eût eu la force de le faire.

Très-certainement, il aurait rencontré en chemin un valet quelconque qui se serait mis à pousser des cris.

Le chevalier eut bientôt trouvé le moyen de sortir de cette position embarrassante.

L'acide prussique foudroie absolument comme un coup de sang. Un médecin ne saurait s'y tromper; mais tout homme étranger à l'art ne pourrait discerner la vérité en présence du malade.

Or, la Billardière était loin de tout village; d'ailleurs un médecin ne se serait permis de venir que s'il avait été appelé.

Ceci posé, M. des Mazures se dit :

— Benjamin est vieux, il est tout simple qu'il ait été frappé de mort subite.

Alors il releva le cadavre et le porta dans le fauteuil où tout à l'heure le pauvre vieillard était assis.

Puis il le posa dans une attitude des plus naturelles, lui renversant la tête en arrière, de telle façon qu'on aurait pu croire qu'il dormait.

Après quoi il poussa doucement le fauteuil vers la cheminée, afin que, si l'on venait, l'idée ne pût surgir dans l'esprit de personne que lui, M. des Mazures, avait pu étendre la main jusqu'à lui.

Quand ce fut fait, le chevalier se recoucha tranquillement.

— Puisque je dors depuis hier, dit-il, je ne vois aucun inconvénient à prolonger mon sommeil de quelques heures.

Et il eut bien soin de reprendre dans son lit la pose qu'il avait conservée pendant toute la durée de la catalepsie.

Le tison continuait son œuvre de destruction, et, comme le chevalier avait eu le soin, avant de se recoucher, de replacer la bouteille dans le placard, de refermer le placard ensuite et de suspendre de nouveau la clé à son cou, il n'allait bientôt plus rester la moindre trace du terrible poison.

Il était alors dix heures et demie du soir. Le tapis pouvait brûler encore deux heures sans le moindre inconvénient.

Or, le chevalier avait calculé ceci :

Chaque soir, à onze heures, Benjamin quittait son maître pour descendre aux cuisines et aller souper.

Onze heures sonneraient, puis onze heures et demie, puis minuit ; et, comme Benjamin ne descendrait pas, les autres domestiques commenceraient à s'inquiéter.

Alors on penserait ou que Benjamin était malade, ou qu'il ne pouvait parvenir à faire revenir son maître à la vie.

On constaterait alors la parfaite insensibilité du chevalier qui feindrait de dormir toujours ; on éteindrait le commencement d'incendie et on s'apercevrait de la mort de Benjamin.

Ce calcul était parfaitement juste et devait se réaliser de point en point.

A minuit et demi le chevalier qui commençait à froncer le sourcil, car la chambre s'emplissait peu à peu de fumée, le chevalier, disons-nous, entendit des pas dans le corridor.

Il avait eu soin, avant de se recoucher, de faire

glisser le verrou, ce qui permettait d'ouvrir la porte du dehors.

On frappa, puis on frappa encore.

Le chevalier avait fermé les yeux, et le pauvre Benjamin, comme on le pense bien, n'avait garde de répondre.

Le domestique qui frappait était le valet de chiens de Mlle Aurore.

N'obtenant pas de réponse, cet homme se décida à redescendre.

Il retourna aux cuisines et dit :

— Je ne sais vraiment pas ce qui se passe là-haut, et pourquoi Benjamin ne descend pas ; j'ai frappé trois fois.

— Il fallait entrer, dit la cuisinière; est-ce que la porte est fermée en dedans?

— Non, la clé est dans la serrure.

— C'est que Benjamin dort, dit un autre serviteur. Veux-tu que j'aille avec toi, Letaillis?

— Je ne demande pas mieux, répondit le valet de chiens.

Tous deux remontèrent.

Letaillis, ayant frappé une quatrième fois et n'obtenant pas de réponse, mit la main sur la clé.

L'autre domestique lui dit:

— Est-ce que tu ne sens pas une odeur de brûlé?

— Mais oui...

Et le valet de chiens ouvrit.

Le chevalier avait entendu ce court dialogue, et il commençait à respirer.

La chambre était pleine de fumée.

D'abord les deux domestiques ne virent que cela, et tandis que l'un se précipitait vers la fenêtre et l'ouvrait, l'autre s'élançait dans le corridor, en criant : « Au feu ! »

On devine la scène qui suivit.

En cinq minutes, tout le monde fut sur pied et la chambre fut envahie.

Le chevalier eut la force de conserver une immobilité parfaite, et tandis qu'on éteignait le feu, tandis qu'on s'apercevait que Benjamin était mort, il n'ouvrit pas les yeux.

Alors, le feu éteint, une véritable terreur s'empara de tous les gens du château, dont pas un, du reste, ne soupçonna la vérité.

Benjamin avait succombé à une attaque d'apoplexie, croyaient-ils.

Quant au chevalier, on commençait à se demander s'il n'était pas mort aussi et si le rebouteux, au lieu de le guérir, ne l'avait pas tué.

Le valet de chiens souleva les draps et les couvertures et plaça sa main sur la poitrine du chevalier.

— Non, dit-il aussitôt, le cœur bat, il n'est pas mort.

La cuisinière se lamentait. Elle était depuis quinze ans dans la maison et elle avait toujours regardé le vieux Benjamin comme un père:

— Et mademoiselle qui n'est pas ici! disait-on, qu'allons-nous donc faire?

Chacun perdait un peu la tête, et le premier qui reconquit un peu de sang-froid fut ce même valet de chiens qui, le premier, était monté.

Il fit transporter le mort dans une pièce voisine, rétablit ensuite un peu d'ordre dans la chambre.

Après quoi on s'occupa du chevalier, qui continuait à jouer son rôle d'homme en léthargie.

On lui frotta les tempes, les lèvres et les narines avec du vinaigre; on lui frappa dans le creux des mains; on lui appliqua des serviettes chaudes sur l'estomac.

Alors, M. des Mazures n'eut plus aucune raison pour ne pas revenir à la vie.

Il ouvrit les yeux, il demanda ce que signifiait tout ce vacarme, entremêlant ses questions de cris de douleur; et tout à coup, quand on lui eut appris la mort de Benjamin, il se mit à délirer, et on crut qu'il venait de perdre la raison...

La comédie du chevalier était désormais acquise à l'histoire. Il était innocent de la mort de Benjamin et Aurore pouvait revenir ; la pensée d'accuser son père ne surgirait jamais dans son esprit.

Mais Aurore ne revenait pas !

La nuit s'écoula, le jour vint ; les domestiques se regardaient avec consternation.

M. des Mazures continuait à avoir le délire, et Aurore n'était pas de retour.

Où était-elle allée ?

Benjamin seul le savait, et Benjamin ne parlerait plus désormais...

XLI

Que s'était-il donc passé ? c'est ce que nous allons vous dire en peu de mots.

La lecture du manuscrit de Gretchen et le récit de Benjamin nous ont fait perdre de vue les événements qui s'étaient accomplis ce jour-là même.

A peu près à l'heure où la comtesse Aurore montait à cheval pour aller à la Cour-Dieu, le forgeron Dagobert se prenait dans un collier comme un chevreuil. Benoît le bossu parvenait à s'échapper du manoir de M. le chevalier Michel de Valognes, et ce dernier et son ami le comte Lucien des Mazures projetaient d'enlever, la nuit même, la naïve pupille du couvent.

Suivons donc la comtesse Aurore, qui était loin de deviner toute cette infernale machination.

Aurore, on a pu le voir, avait été complétement transformée par la lecture des volontés dernières de sa pauvre mère ; tout ce qui en elle était éducation, c'est-à-dire venait de son père le chevalier, avait subitement cédé aux instincts généreux qu'elle avait hérités de l'infortunée Gretchen.

Aussi, ce soir-là, poussait-elle son cheval avec une sorte d'énergie fiévreuse.

Elle avait hâte de serrer dans ses bras cette sœur inconnue la veille, et qu'elle aimait à présent de toute la force de son âme.

Le cheval galopait sur la route sonore, arrachant des étincelles aux cailloux qu'il touchait.

La nuit était froide et claire, la lune brillait au ciel, et, bien que la distance fût assez considérable de la Billardière à la Cour-Dieu, le cheval dévorait l'espace si rapidement, qu'au bout d'une heure de de cette course folle, la jeune comtesse vit poindre à un coude que fit la route les bâtiments du couvent.

En chemin, Aurore avait organisé tout un petit discours à adresser, à Dagobert le forgeron, s'il venait à froncer le sourcil et à s'interposer entre lui et Jeanne.

Souvent elle avait passé, à des heures avancées,

sous les murs de la forge, en compagnie de joyeux chasseurs, et toujours elle avait vu la forge projeter au loin sa lueur rougeâtre.

Dagobert était un rude travailleur. Il se levait avant l'aube et se couchait tard.

Cependant, ce soir-là, Aurore ne vit ni fumée au-dessus du toit, ni flamboiement à travers la porte et les croisées.

Le marteau retentissant de Dagobert ne troublait point le calme de la nuit.

Seule, à la fenêtre du premier étage, une petite lumière brillait discrètement comme une étoile unique dans un ciel nuageux.

Aurore fut prise alors d'une telle émotion qu'elle ralentit soudain l'allure de son cheval.

Qu'était-ce que cette lumière? Venait-elle de la chambre de Dagobert ou bien de celle de Jeanne?

La comtesse s'arrêta devant la porte, et avant de mettre pied à terre elle appela doucement :

— Dagobert! hé! Dagobert!

Dagobert était loin, il ne pouvait répondre ; mais la petite lumière qui brillait au-dessus de la porte s'agita.

En même temps, la fenêtre s'ouvrit.

— Qui est là? dit la voix fraîche et harmonieuse de Jeanne.

Aurore sentait son cœur battre à outrance.

— Jeanne ! dit-elle.

La jeune fille s'était penchée en dehors et elle regardait, avec une curiosité qui n'avait rien de farouche, cette belle femme à cheval qui l'appelait par son nom.

— Que me voulez-vous, Madame ? lui demanda-t-elle.

— Mon enfant, dit la comtesse d'une voix émue, Dagobert n'est-il donc pas chez lui ?

— Non, Madame.

— Ah ! fit Aurore, que cette réponse enhardit. Est-ce que vous êtes couchée, mon enfant ?

— Non, Madame, j'attends Dagobert qui est en route, et j'espère qu'il va bientôt revenir.

— Alors, reprit Aurore, vous seriez bien aimable de venir m'ouvrir ; j'ai fait une longue route, j'ai bien froid et je voudrais me chauffer un peu.

La voix d'Aurore était si douce, si persuasive, que Jeanne, alors même qu'elle eût éprouvé une défiance quelconque, n'eût pu y résister.

Mais Jeanne pouvait-elle se défier de cette belle amazone dont elle voyait au clair de lune le doux et charmant visage, et dont la voix était comme une musique céleste ?

Dagobert lui avait bien dit en partant : « Jeanne, je vous en prie, n'ouvrez à personne. »

Mais, par le mot « personne, » Dagobert entendait des hommes et non une femme.

Aussi Jeanne répondit-elle :

— Je descends, Madame, je descends tout de suite.

Et elle s'élança, légère, vers l'escalier de bois qui descendait dans la forge.

Deux minutes après, elle ouvrait.

Les battements du cœur d'Aurore étaient si forts en ce moment, que Jeanne aurait pu les entendre.

Néanmoins, la jeune comtesse parvint à se maîtriser un peu ; elle n'ouvrit point les bras tout de suite à la jeune fille en l'appelant « ma sœur; » Jeanne n'aurait pas compris.

Elle se borna à lui dire :

— Vous êtes bien gentille, ma petite, d'être ainsi charitable et bonne pour les voyageurs.

En même temps elle se laissa glisser de sa selle.

Jeanne la regardait avec curiosité, tandis qu'elle s'apprêtait à attacher son cheval à la porte.

— Oh ! Madame, dit-elle, la pauvre bête a bien chaud. Il y a une écurie ici, voulez-vous l'y mettre ?

— Volontiers, répondit Aurore.

— Suivez-moi, dit Jeanne ; c'est par ici.

Et elle lui fit tourner le petit bâtiment et poussa une porte qui était fermée par un lien de paille.

Le cheval entra, et comme la comtesse lui avait

ôté la bride, il se mit aussitôt à broyer un reste de paille qui se trouvait dans la mangeoire.

Alors, Jeanne referma la porte, et la comtesse lui prit le bras, disant :

— Vous êtes donc toute seule ici, mon enfant?

— Oui, Madame.

— Et vous n'avez pas peur?

— Oh! non. Les moines sont là, tout près. D'ailleurs, je suis seule si rarement. Jamais Dagobert ne s'absente le soir.

Elles refirent le tour du bâtiment et entrèrent dans la forge.

Il s'y trouvait un reste de feu qui couvait sous les cendres.

Jeanne prit dans ses petites mains la corde du soufflet gigantesque, et soudain le feu crépita, une flamme bleuâtre couronna le charbon, puis devint violette et rouge ensuite.

Et la comtesse s'approcha et exposa ses mains gantées à cette flamme, tout en regardant Jeanne avec des yeux humides.

— Mon enfant, lui dit-elle alors, je vous ai presque menti tout à l'heure.

Jeanne leva sur elle un œil étonné.

— Je dis presque, continua Aurore, car j'ai bien un peu froid, mais ce n'est pas précisément pour me chauffer que j'ai frappé à la porte de votre maison.

— Ah! fit Jeanne, et pourquoi donc, Madame?

— Parce que je voulais vous voir.

— Mais... Madame...

— Vous ne me connaissez pas, vous?

— Il me semble que je vous vois pour la première fois, dit Jeanne. Cependant... attendez... Oh! oui, il y a un an... n'avez-vous pas passé par ici... un soir... avec des chasseurs?...

— Cela est vrai, dit Aurore, à qui ce souvenir revint tout à coup.

Puis elle s'assit sur l'enclume et prit dans ses mains la main Jeanne.

— Je n'ai passé ici qu'une fois, dit-elle, mais je vous connais... beaucoup...

— Est-ce possible? fit Jeanne naïvement.

— Je sais même sûrement des choses qui vous concernent et que vous ne savez pas, continua Aurore.

L'étonnement de Jeanne redoublait.

La comtesse était parvenue à se contenir; elle comprenait qu'il lui fallait amener la jeune fille peu à peu, par gradation, à cette reconnaissance de sœur qui était son but.

— Oui, mon enfant, reprit-elle. Ainsi, je sais qu'un gentilhomme vous a laissée ici, une nuit d'hiver, vous confiant à Dagobert, et que ce gentilhomme n'est jamais revenu.

Un cri s'échappa de la poitrine de Jeanne.

— Mon oncle! dit-elle, vous avez entendu parler de mon oncle?

— Oui, dit Aurore, et de votre mère aussi.

Ces paroles n'amenèrent point sur le visage de Jeanne ce voile de mélancolie qu'attendait la comtesse.

— Ma mère, dit Jeanne, je m'en souviens à peine... Elle était froide et hautaine pour moi, tandis que mon père...

— Eh bien? dit Aurore anxieuse.

— Il me couvrait de baisers... et souvent... il pleurait...

— Jeanne, dit gravement Aurore, celle que vous appeliez ainsi n'était pas votre mère...

— Que dites-vous, Madame?

— La vérité, mon enfant. C'était une marâtre... Votre mère véritable...

Elle s'arrêta plein d'hésitation et regardant toujours la jeune fille dont le visage exprimait à présent une douloureuse anxiété.

— Mais vous avez donc connu ma mère, vous, Madame? s'écria Jeanne.

— Oui, mon enfant.

L'émotion gagnait de nouveau la comtesse Aurore.

— Jeanne, reprit-elle, si je suis venue ici, ce soir,

c'est que je voulais vous parler de votre mère... un ange de vertu et de bonté... une martyre!

— Elle est donc morte, ô mon Dieu! murmura Jeanne en baissant la tête.

— Oui, mais vous êtes sa vivante image.

La jeune fille tressaillit.

— Vous vous la rappelez donc bien, fit-elle.

— Non, dit Aurore, mais j'ai un portrait d'elle.

— Un portrait! un portrait de ma mère?...

Aurore quitta la place où elle était. Elle avait aperçu, auprès de l'unique croisée de la forge, un petit miroir large comme la main dans un cadre de bois peint en rouge et accroché à un clou.

Ce miroir servait à Dagobert pour faire sa barbe.

Aurore le prit et le tendit à Jeanne.

— Regardez-vous bien, dit-elle.

Le feu de la forge était alors très-ardent et répandait autour de lui une grande clarté.

Jeanne jeta machinalement les yeux sur le miroir que lui présentait la comtesse.

— Maintenant, dit encore celle-ci, regardez cette image.

Et elle mit auprès du miroir ce médaillon qui représentait les traits de Gretchen.

— C'est votre mère, dit-elle.

Et Jeanne étouffa un cri et se prit à trembler, regardant alternativement le médaillon et son propre visage que le miroir reflétait, et la comtesse Aurore sur la joue pâlie de qui roulait en ce moment une larme silencieuse.

. . . .

XLII

— Mais qui donc êtes-vous, Madame ? dit enfin la pauvre fille en regardant Aurore, vous qui avez connu ma mère et qui possédez son image ?

A cette question, Aurore se sentit trembler à son tour.

— Dites-moi, mon enfant, fit-elle en reprenant dans ses belles mains les mains mignonnes de Jeanne, ne vous a-t-on jamais parlé, dans votre enfance, de ceux qui vous ont amenée ici, par exemple de votre vraie mère ?

— J'ai toujours cru que c'était la dame qui était si dure pour moi et qui faisait pleurer mon père. Etait-ce bien mon père, au moins ?

— Oui, dit Aurore.

Puis elle reprit :

— Ainsi, vous n'avez jamais su que votre mère avait... une autre fille ?...

— Une autre fille ?

— Oui.

— Qui serait ma sœur ?

— Sans doute.

— Et qui vivrait ? Ah ! Madame, s'écria Jeanne avec un élan de joie indicible, si cela était... si vous disiez vrai...

— Eh bien ! que feriez-vous ?

— Oh ! dussé-je aller au bout du monde, cheminer pieds nus et mendier mon pain en route, j'irais la retrouver.

Cette fois, Aurore n'y tint plus.

Elle attira Jeanne dans ses bras et lui mit au front un ardent baiser.

— Cette sœur dont tu parles, dit-elle, cette sœur que tu promets d'aimer comme elle t'aime déjà, chère petite, c'est moi !

— Vous ! s'écria Jeanne, vous êtes ma sœur ?

— Oui, mon enfant.

— Vous, une belle dame, vous si bonne, si douce, répétait Jeanne avec délire.

— Moi, moi ! répondait Aurore, en couvrant sa sœur de baisers.

Jeanne ne pouvait se tromper à ces élans de tendresse ; d'ailleurs, si Aurore n'eût pas été sa sœur, comment aurait-elle eu en sa possession le portrait de sa mère ?

Et les deux jeunes filles, ce premier transport calmé, se mirent à causer, les mains enlacées, s'interrompant souvent pour s'embrasser encore, oubliant l'heure qui passait, et ne songeant point à Dagobert qui aurait dû être de retour depuis longtemps.

Aurore apprenait à sa sœur qu'elle avait vécu bien longtemps, tout près d'elle, sans soupçonner son existence, et Jeanne lui disait :

— Mais alors mon père est vivant, puisque tu parles de lui ?

Cette question avait d'abord jeté quelque trouble dans l'esprit de la comtesse.

Néanmoins, elle trouva le moyen d'expliquer à la naïve enfant qu'elle était l'aînée, et que leur mère avait eu deux maris.

— Ainsi ton père n'est pas le mien ? disait Jeanne.

— Non.

— Et tu es plus jeune que moi.

— D'un an ou deux.

Jeanne regardait Aurore et se disait qu'elle avait pourtant l'air moins enfant qu'elle ; mais cela tenait d'abord à ce que Aurore était brune et que ses traits étaient plus accentués ; ensuite à la vie de chasseresse que la comtesse avait toujours menée.

Et tandis qu'elles causaient ainsi et paraissaient oublier le reste du monde, un bruit traversa l'espace.

C'était le coup de feu qui venait de retentir sur la

route, à un demi-quart de lieue de la Cour-Dieu, et qui avait frappé le chevalier Michel de Valognes au moment même où le comte Lucien des Mazures venait de le quitter et continuait son chemin vers la forge où il croyait trouver Jeanne toute seule.

Les deux jeunes filles se regardèrent avec inquiétude.

— Bah ! dit enfin Aurore, c'est sans doute quelque braconnier qui a tiré un lièvre à l'affût.

Elles se remirent à causer.

Un nouveau bruit parvint bientôt à leur oreille.

Cette fois le bruit n'était pas une détonation, mais bien le galop d'un cheval.

Jeanne tressaillit encore.

— Ecoutez ! dit-elle, écoutez...

Et elle serrait le bras d'Aurore.

Celle-ci alla vers la porte, qu'elle entr'ouvrit.

Depuis que la comtesse était arrivée, la lune, qui resplendissait au ciel au commencement de la soirée, était descendue derrière l'horizon, et la nuit était noire à présent.

Aurore ne vit rien. Seulement elle entendit fort distinctement, non plus le galop, mais le pas d'un cheval sur la route.

— C'est quelque chasseur attardé, dit-elle.

Et refermant la porte, elle vint se rasseoir auprès de Jeanne et reprit ses mains dans les siennes.

. . . .

Or, comme on le voit, c'était précisément à l'heure où Lucien, le cœur palpitant, s'apprêtait à enlever Jeanne, que la comtesse était auprès de la jeune fille.

On se souvient que le comte, entendant le coup de feu, s'était arrêté un moment.

Mais il était assez loin déjà pour n'avoir pas entendu le cri de douleur du chevalier, et, comme la route faisait un coude, il n'avait pu le voir vider les arçons.

Comme Aurore et Jeanne, Lucien avait donc attribué ce coup de feu à un braconnier.

Et il avait continué son chemin.

On se souvient encore qu'à cent pas de la forge, il avait ralenti l'allure de son cheval.

Les amoureux et les voleurs ont de certaines inspirations qui leur sont communes.

Les uns et les autres s'environnent de mystère; et, par conséquent, ils ont besoin des mêmes précautions.

Lucien ne craignait pas Dagobert, puisque Dagobert était aux mains des gens de M. de Valognes; mais il ne voulait pas non plus éveiller l'attention des moines, qui, très-certainement, seraient venus au secours de la jeune fille.

Il quitta donc le milieu de la route, qui était sonore, et mit son cheval sur les côtés, qui étaient couverts d'une herbe épaisse, et les sabots de l'animal ne firent plus aucun bruit.

Lucien avait donc pu s'approcher de la forge sans être entendu de nouveau par Jeanne et Aurore.

Intrigué de voir de la lumière dans la forge même, il avait mis pied à terre, on se le rappelle.

Puis il s'était approché à pas de loup et avait collé son œil à une fente de la porte.

Et soudain il avait reculé, car il avait aperçu la comtesse Aurore qui tenait dans ses mains les mains de Jeanne, et causait familièrement avec elle.

Ce qui se passa alors dans l'esprit de Lucien est impossible à rendre. Une sueur froide inonda ses tempes, son cœur suspendit ses battements, et il eut envie de prendre la fuite.

Puis, comme dans le cœur de l'homme le plus simple, il y a toujours un grain de fatuité, il s'imagina qu'Aurore l'aimait toujours, et qu'elle était venue implorer la générosité de sa rivale.

Quelques minutes s'écoulèrent, et Lucien demeurait cloué à la même place, n'osant ni avancer ni battre en retraite.

Une circonstance imprévue trahit sa présence.

Aurore avait mis son cheval dans l'écurie de la forge.

Ce cheval et celui de Lucien avaient si souvent galopé côte à côte et chassé ensemble, qu'ils se connaissaient et se devinaient à distance.

Le robuste percheron de Lucien flaira tout à coup le voisinage de son compagnon, et il se prit à hennir joyeusement.

Ce hennissement parvint à l'oreille des deux jeunes filles, et la comtesse s'élança de nouveau vers la porte et l'ouvrit toute grande.

En même temps la lueur que répandait la forge se projeta au dehors et éclaira Lucien des pieds à la tête.

Alors Aurore jeta un cri.

— Vous ici ! dit-elle, vous ici ! arrière, malheureux !...

Ces mots exaspérèrent Lucien qui, au lieu de reculer, fit un pas en avant et entra dans la forge.

Jeanne, à sa vue, était devenue toute pâle.

— Ma cousine.... dit Lucien.

— Arrière ! répéta Aurore avec indignation, je ne suis plus votre cousine.

— Ah! par exemple! dit Lucien qui se méprit encore à l'indignation manifestée par la comtesse.

Celle-ci prit Jeanne par la main et lui dit :

— Voyez-vous cet homme? Eh bien! sa mère a assassiné la nôtre!...

Jeanne jeta un cri, et la comtesse, marchant droit à Lucien, lui dit encore :

— Cette jeune fille est ma sœur... Nous avons eu la même mère, et notre mère est morte empoisonnée... et c'est la vôtre qui a préparé le poison... Comprenez-vous, maintenant? Arrière! arrière!...

Lucien ne répondit pas ; il était hébété, et on eût dit que la foudre venait de s'abattre sur lui.

XLIII

On eût dit que la terre venait de s'entr'ouvrir devant le jeune comte Lucien des Mazures, et qu'il apercevait quelque abîme insondable et béant.

Quant à Jeanne, en entendant les dernières paroles de la comtesse Aurore, elle avait jeté un grand cri et s'était évanouie; et comme elle se trouvait entre sa sœur, privée de sentiment, et son cousin, qui ne bougeait pas plus qu'un dieu Terme, Aurore hésita l'espace d'une seconde.

Puis elle se décida à porter secours à Jeanne. Elle la prit dans ses bras; elle la chargea sur son épaule, comme eût pu le faire un homme, et s'avança vers l'escalier.

Lucien, toujours en dehors, la vit disparaître en haut de cet escalier avec son fardeau.

Alors le charme horrible sous l'empire duquel Lucien était depuis quelques minutes, ce charme se rompit tout à coup.

— Oh! s'écria-t-il, tout cela est par trop étrange, et j'en aurai l'explication.

Il rentra dans la forge et monta résolûment l'escalier; il voulait retrouver Aurore et Jeanne.

La comtesse avait placé la jeune fille sur un lit et la débarrassait de son corsage pour qu'elle pût respirer plus librement.

Jeanne était comme morte.

Aurore poussait des cris de douleur et n'entendit point le bruit des pas de Lucien dans l'escalier.

D'ailleurs, elle était plongée dans une demi-obscurité, n'ayant pour y voir que le reflet de la forge qui montait le long des murs et venait mourir à la porte de la chambrette de Jeanne.

Cette obscurité fit rétrograder Lucien.

Il redescendit avant que sa cousine se fût retournée, et il prit un chandelier de cuivre qui se trouvait dans un coin et qu'il alluma au feu de la forge.

Puis il remonta.

Cette fois, Aurore se retourna; mais elle ne lui cria point de se retirer, elle ne le menaça pas.

Aurore pleurait à chaudes larmes, et elle avait

beau couvrir Jeanne de baisers et l'appeler des noms les plus doux, la jeune fille ne rouvrait point les yeux et ne revenait pas à la vie.

L'amour de Lucien parla si fort et si haut en ce moment, qu'il eût bravé le courroux d'Aurore et lui eût disputé le droit de lui donner des soins.

Il s'empara d'un pot d'eau fraîche qui se trouvait dans un coin, y trempa ses mains et se mit à asperger le visage de la jeune fille.

Puis, comme il n'obtenait aucun résultat, et que le visage de Jeanne conservait la pâleur de la mort, il redescendit dans la forge, ouvrit un bahut et finit, à force de recherches, par trouver une fiole de vinaigre, dont il s'empara.

Mais, cette fois, il trouva Aurore sur le seuil de la chambre, qui lui barra le passage.

Et comme il voulait entrer, elle lui prit le vinaigre des mains et lui dit :

— Non, vous n'irez pas plus loin... Jeanne est ma sœur... Je vous défends d'entrer...

— Votre sœur ! balbutia Lucien, qui reprit une sorte de terreur hébétée...

— Oui, dit Aurore... et je vous donnerai toutes les explications qu'il vous plaira d'entendre... mais en bas... pas devant elle.

Aurore parlait avec une autorité qui domina Lucien.

Il redescendit en chancelant, s'appuya deux ou trois fois à la rampe pour ne point tomber, et s'affaissa sur l'enclume, comme si les forces lui eussent manqué.

Ces paroles bourdonnaient dans sa tête et y faisaient un vacarme affreux :

— Arrière! vous êtes le fils de la femme qui a empoisonné notre mère?

Un moment, Lucien prit sa tête à deux mains et murmura :

— Evidemment, rien de tout cela n'est vrai... et je suis devenu fou...

Et tout à coup il entendit hennir son cheval pour la seconde fois.

Alors un revirement se fit dans son esprit; un souvenir lui revint.

Il pensa au chevalier de Valognes qu'il avait laissé sur la route, à un quart de lieue de là.

Et, se précipitant hors de la forge, il sauta en selle et se dit :

— Le chevalier saura bien me dire si je suis fou oui ou non.

Puis il lança son cheval au galop sur la route de Sully.

Mais tout à coup, et comme il galopait depuis environ huit ou dix minutes, emportant son jeune maître affolé, le cheval s'arrêta net, les oreilles pointues, les naseaux au vent.

Lucien lui donna un coup d'éperon ; mais l'animal resta planté sur ses quatre pieds, et Lucien le sentait trembler entre ses jambes.

Alors le jeune homme regarda devant lui.

La nuit était sombre depuis le coucher de la lune et la route était encaissée à droite et à gauche par la forêt.

Néanmoins Lucien vit quelque chose de noir qui paraissait couché en travers du chemin.

Et auprès une autre masse noire qui s'agitait lentement.

Alors il donna un si furieux coup d'éperon à son cheval, que celui-ci bondit en avant et triompha de son épouvante.

Ce que Lucien avait aperçu n'était autre que le corps du chevalier étendu au milieu de la route dans une mare de sang.

Le cheval de ce dernier était auprès de lui, le flairant; il semblait se demander s'il était mort.

Cette fois, Lucien, qui avait mis pied à terre, sentit ses cheveux se hérisser et un nuage passa sur son front.

Que signifiait ce nouveau drame ?

Comment le chevalier était-il en cet état ? De quel guet-apens venait-il d'être la victime ?

Alors Lucien se souvint de ce coup de feu qu'il avait entendu peu après avoir quitté son ami.

Il s'agenouilla auprès de lui et mit la main sur son cœur.

Ce cœur battait faiblement.

— Il n'est pas mort, s'écria-t-il ; il n'est pas mort !...

Et il le prit dans ses bras et essaya de le relever, l'appelant comme tout à l'heure Aurore appelait Jeanne.

Le chevalier avait perdu connaissance ; et, en admettant que sa blessure ne fût point mortelle, il fallait se hâter de lui porter secours, car son sang continuait à couler.

Lucien était seul, au milieu d'une route déserte, en pleine nuit...

Qu'allait-il faire ?

Retournerait-il à la Cour-Dieu ? sonnerait-il à la porte du couvent, et demanderait-il des secours ?

S'adresserait-il à Aurore qu'il avait laissée donnant ses soins à Jeanne ?

Lucien faillit perdre tout à fait la tête, remonter à cheval et prendre la fuite.

Mais c'était, après tout, un homme de cœur et de résolution que Lucien, et la vue de son malheureux ami baignant dans son sang le força à prendre un parti et à retrouver un peu de sang-froid.

L'endroit où le chevalier était tombé était à peu près à mi-chemin entre le couvent et une ferme qui se trouvait à gauche de la route en descendant vers Sully.

Lucien connaissait les gens de cette ferme, et il s'était plus d'une fois arrêté chez eux, en chassant par-là.

Il prit donc le chevalier dans ses bras et le plaça en travers de son cheval, devant lui.

Il ne fallait certes pas songer à trotter ; une allure rapide pouvait causer la mort du blessé.

Lucien mit sa monture au pas, et maintenant le chevalier évanoui sur sa selle, il passa à son bras la bride du cheval de M. de Valognes qui se mit à suivre tranquillement.

Alors, tandis que ce singulier et funèbre convoi s'éloignait, se dirigeant vers la ferme, les branches d'une touffe de genévriers qui se trouvaient au bord de la forêt, de l'autre côté du fossé, s'entr'ouvrirent.

En même temps, Benoît le bossu bondit sur la route.

Benoît murmura, en voyant le comte des Mazures qui descendait lentement dans la direction de Sully :

— S'il n'est pas mort, il n'en vaut guère mieux, et ce n'est pas aujourd'hui qu'on enlèvera la demoiselle.

Allons voir maintenant si Dagobert est de retour.

Et il prit en courant le chemin de la Cour-Dieu.

A ce coude que faisait la route, et qui permettait tout à coup d'apercevoir les bâtiments du couvent, Benoît s'arrêta et eut un battement de cœur.

La porte de la forge était grande ouverte et le feu rayonnait au dehors.

Une lumière brillait au premier étage.

Pour que le feu fût allumé en bas, il fallait que Dagobert fût de retour.

Et Benoît se dit:

— Dagobert est de retour, et M. Lucien, en l'apercevant, aura pris la fuite, n'osant rien tenter contre la demoiselle.

Benoît se mit donc à courir dans la direction de la forge, et bientôt il arriva sur le seuil.

Mais là, il s'arrêta de nouveau un peu étonné :

— Hé! Dagobert? dit-il.

Dagobert ne répondit pas.

Il entra. Il entendait un bruit de pas au-dessus de sa tête.

Après un moment d'hésitation, il gravit l'escalier.

Mais, sur la dernière marche, il s'arrêta, muet, étonné, se frottant les yeux à son tour, et se demandant s'il n'était pas le jouet d'une illusion.

Il venait d'apercevoir Aurore, qui parvenait enfin

à faire revenir à elle Jeanne, qui la regardait avec une sorte d'hébêtement.

Aurore se retourna et le reconnut.

— Ah! Benoît, dit-elle, viens à mon aide.

Benoît semblait se demander ce que la comtesse Aurore faisait là.

Jeanne le reconnut pareillement.

— Benoît, lui dit-elle, où est Dagobert?

— Je ne sais pas... répondit-il, je le croyais ici...

Jeanne secoua la tête.

— Comment! dit encore Benoît, il n'est pas revenu?

— Non.

— Ah! c'est qu'alors, s'écria le bossu, le chevalier de Valognes l'aura tué.

Les deux jeunes filles poussèrent un cri.

— Mais il ne tuera plus personne, ajouta Benoît d'un air sombre. J'en ai fait justice de M. de Valognes, allez!

Il y eut un nouveau moment d'angoisse entre les deux jeunes filles, qui regardaient Benoît et paraissaient ne pas comprendre ce qu'il disait.

Alors Benoît, avec cette éloquence agreste qu'ont parfois les paysans, leur raconta les événements de la nuit.

Aurore et Jeanne l'écoutaient avec anxiété.

Ainsi Dagobert était mort peut-être!

Et la comtesse s'écria :

— S'il est vivant, je le délivrerai... S'il est mort, je le vengerai !...

Jeanne avait oublié Lucien et les sinistres paroles échappées à sa sœur.

Jeanne pleurait à chaudes larmes en songeant à son ami Dagobert.

La nuit s'était écoulée tout entière, et le chant des moines qui psalmodiaient les *Matines* venait de s'éteindre.

— Benoît, dit vivement la comtesse, écoute-moi.
— Oui, Madame, dit Benoît, qui se demandait comment la comtesse était là, et pourquoi Jeanne l'appelait ma sœur.
— Tu vas aller sonner à la porte du couvent.
— Oui, dit le bossu.
— Tu demanderas à voir le supérieur.
— Dom Jérôme ?
— Oui, et tu lui diras : « Monseigneur, suivez-moi, venez jusqu'à la forge ; la fille de Gretchen a besoin de vous. »
— La fille de Gretchen ? fit Benoît qui trouvait ce nom bizarre.
— Oui, tu te le rappelleras ?
— Gretchen, répéta Benoît.
— C'est cela, va.

Le bossu ne fit qu'un bond vers la porte du couvent et se suspendit à la corde de la cloche.

Pendant ce temps, Aurore embrassait Jeanne et lui disait :

— Je ne veux pas que tu restes seule, ma chère petite sœur, car nous sommes entourés d'ennemis. Je veux que dom Jérôme veille sur toi, tandis que j'irai à la recherche de Dagobert ; et, sois tranquille, je te le ramènerai !

XLIV

Dom Jérôme était dans sa cellule, au moment où Benoît le bossu se pendit à la cloche du couvent.

Le prieur-abbé revenait de l'église où l'on avait chanté les *Matines*, comme à l'ordinaire ; mais celui qui l'eût vu en ce moment aurait remarqué sur ce visage ordinairement si calme les traces d'une violente émotion.

Dom Jérôme ne s'était pas couché la veille au soir, après sa prière, comme il avait coutume de le faire.

Il avait attendu, agenouillé sur la dalle glacée de sa cellule, l'heure des *Matines*, frappant sa poitrine de temps à autre et murmurant :

— Mon Dieu ! prenez pitié de moi et fermez mon

cœur et mes oreilles à ces souvenirs orageux de ma jeunesse, à ces bruits du dehors qui viennent me poursuivre à l'ombre de vos autels.

Puis, le vieux prêtre avait essuyé une larme, et on l'eût encore entendu prononcer ces paroles, d'une voix étouffée :

— J'ai fait un serment, mon Dieu, le serment de veiller sur l'orpheline, de l'arracher à la cupidité de ses ennemis, de la protéger contre les persécuteurs de celle dont l'image, après vingt ans, est encore au fond de mon cœur. Mon Dieu ! pardonnez-moi... je vous jure que lorsque j'aurai rempli ma tâche, je reviendrai m'ensevelir ici pour toujours et y attendre avec calme l'heure de votre justice.

De temps en temps, durant la première partie de la nuit, dom Jérôme avait prêté l'oreille aux bruits vagues de la solitude.

Dagobert était parti depuis longtemps, et Dagobert ne revenait pas.

Quelquefois le vieil abbé sentait ses tempes se mouiller de quelques gouttes de sueur, et une angoisse mortelle le prenait à la gorge.

Peut-être que l'évêque, son supérieur, avait refusé l'autorisation qu'il lui demandait, de s'absenter quelques jours.

Et dom Jérôme se remettait à genoux et il priait avec ferveur.

L'heure des *Matines* était venue.

Alors dom Jérôme était descendu à la chapelle. Puis, les *Matines* chantées, il avait regagné sa cellule.

Les premières clartées de l'aube glissaient indécises dans le ciel.

Comment Dagobert ne revenait-il pas ?

Pour faire trêve à son inquiétude, espérant plus que jamais que l'évêque ne refuserait pas ce qu'il lui demandait, dom Jérôme avait fait alors ses préparatifs de départ.

Au fond de sa cellule, il y avait une armoire que jamais il n'ouvrait.

Jamais un de ses moines, pénétrant chez lui à l'improviste, n'avait aperçu une clé dans la serrure de ce bahut de sapin, qui paraissait avoir une destination mystérieuse.

Ce jour-là, dom Jérôme prit une clé suspendue à son cou et ouvrit le bahut.

Le bahut ne contenait ni trésors, ni objets mystérieux, mais un simple porte-manteau auquel étaient accrochés les vêtements que le gentilhomme portait la nuit où il vint sonner à la porte du couvent pour la première fois, et demander au silence du cloître les apaisements de son cœur.

Ces vêtements, dom Jérôme allait les reprendre.

Il les porterait une dernière fois, en rentrant dans

le monde, l'espace de quelques jours. Puis, sa tâche accomplie, il les livrerait aux flammes, pour qu'il ne restât plus rien du comte Amaury de Beauvoisin.

Et, comme il étalait ses vêtements sur sa couche de moine, la cloche de la porte d'entrée se fit entendre enfin.

— Ah ! dit dom Jérôme, voici Dagobert !

Et il eut un battement de cœur sous sa robe de moine, et il redressa la tête comme s'il eût eu vingt ans encore.

Peu après, des pas retentirent dans le corridor.

Dom Jérôme courut à la porte de sa cellule et l'ouvrit.

Hélas ! ce n'était pas Dagobert. C'était le frère portier qui venait dire à dom Jérôme que Benoît le bossu insistait pour entrer.

Dom Jérôme fronça le sourcil.

Bien que les moines vécussent familièrement avec les paysans du voisinage, ceux-ci ne pénétraient que rarement et pour des motifs fort sérieux dans l'intérieur du monastère.

Dagobert seul jouissait du singulier privilége d'y venir à toute heure.

Mais dom Jérôme pensa que si Benoît se présentait c'est qu'il venait de la part de Dagobert, et il donna l'ordre au frère portier de l'introduire sur-le-champ.

Benoît entra, le visage bouleversé, la sueur au front.

Dom Jérôme devina un malheur.

— Où est Dagobert? dit-il.

— Je ne sais pas, répondit Benoît ; il est mort, peut-être.

— Mort!

— Oui, les misérables l'ont pris dans un collet à chevreuil. Qu'en ont-ils fait? je l'ignore... C'est pour cela que je viens.

— Mais de quels misérables parles-tu? s'écria dom Jérôme.

— Le chevalier de Valognes..., l'ami du comte des Mazures.

Ce dernier nom fut toute une révélation pour dom Jérôme, qui fit brusquement un saut en arrière.

Benoît continua :

— C'est Mlle Aurore qui m'envoie.

— Qu'est-ce que Mlle Aurore?

— La mademoiselle du château de la Billardière.

Et comme dom Jérôme paraissait ne pas savoir ce que c'était que Mlle Aurore, Benoît ajouta :

— Elle m'a dit : « Cours au couvent, supplie dom Jérôme de te suivre et dis-lui que la fille de Gretchen a besoin de lui.

— La fille de Gretchen! exclama le pauvre abbé, qui devint tout tremblant. Elle a dit cela?

— Oui, répondit Benoît.

— Et où est-elle, cette demoiselle?

— A la forge.

Dom Jérôme n'en entendit pas davantage et s'élança hors de sa cellule.

Les moines répandus dans les corridors demeurèrent stupéfaits en le voyant passer, tant ce visage austère et plein de sérénité d'ordinaire était flamboyant et bouleversé.

En cinq minutes sur les pas de Benoît, dom Jérôme eut traversé les salles, le préau et la cour extérieure du couvent.

Il entra dans la forge et vit Aurore qui tenait Jeanne dans ses bras et essuyait avec ses baisers les larmes de la jeune fille.

A la vue du vieux moine, Aurore se leva et vint à lui.

— Mon père, dit-elle, je suis la seconde fille de Gretchen, je suis la sœur de cette enfant.

Aurore ne ressemblait pas, comme Jeanne, à Gretchen; mais elle avait sa voix, et cette voix fit revivre le passé tout entier dans l'âme de dom Jérôme.

— Oui, dit-il, vous devez être sa fille, car vous avez sa voix...

Aurore reprit:

— Mon père, hier Jeanne n'avait d'autres protecteurs que Dagobert et vous, et elle a couru un grand danger, car on a voulu l'enlever cette nuit.

Dom Jérôme frissonna.

— Je l'ai sauvée, reprit Aurore, et désormais je veillerai sur elle comme une mère sur son enfant. Mais Dagobert est aux mains de nos ennemis, et il faut que je l'aille délivrer. C'est pour cela, mon père, que je vous ai prié de venir.

Quand je ne serai plus là les misérables qui ont juré la perte de ma sœur, reviendront peut-être...

— Oh! fit dom Jérôme, ne craignez rien. Je veillerai.

Et il fit un signe à Benoît qui s'était respectueusement tenu à l'écart.

Benoît s'approcha.

— Retourne au couvent, lui dit dom Jérôme, et ramène-moi le frère-portier et l'économe.

Benoît obéit. Cinq minutes après, dom Jérôme avait placé les deux moines en sentinelle à la porte de la forge.

Alors le bossu alla chercher dans l'écurie le cheval de la jeune comtesse ; elle sauta lestement en selle.

— Nous allons prendre au plus court, Mademoiselle, dit Benoît le bossu, et, mort ou vivant, nous retrouverons Dagobert !...

XLV

Maintenant, qu'était devenu Dagobert que nous avons laissé aux mains des deux serviteurs du chevalier Michel de Valogne ?

Dagobert avait eu le même sort que Benoît le bossu, tout d'abord.

On l'avait descendu dans la cave, et là, le valet de chambre et le jardinier garde-chasse qu'on appelait Badinier s'étaient donné le plaisir, après avoir constaté la disparition de Benoît, de battre le forgeron de coups de pied et de coups de poing.

Dagobert était garrotté ; de plus, il avait un bâillon dans la bouche.

Il ne pouvait donc ni se défendre, ni crier ; mais son œil parlait et protestait pour lui, et le regard qu'il leva sur les deux misérables semblait leur promettre un châtiment terrible, si jamais il recouvrait sa liberté.

Dagobert fut donc abandonné, dans la cave, à la merci de ces bandes de rats qui avait fait tant d'horreur à Benoît et qui avaient été la cause de sa délivrance.

Seulement, Badinier dit à son compagnon :

— Cette fois-ci nous ne nous en irons pas, hein ?

— Non, répondit le valet qui se nommait Jean.

— Ce sera bien assez déjà si M. le chevalier revient, qu'il s'aperçoive de l'évasion de l'autre.

Ils entrèrent dans la cuisine, et là ils finirent par retrouver les traces de Benoît.

Le feu déterré, la corde roussie, qu'il avait jetée en s'en allant, disaient quels moyens il avait employés.

— Nous avons encore deux ou trois heures de nuit, dit Badinier, et tu comprends qu'avec des gaillards comme ça, il ne faut pas se coucher que M. le chevalier ne soit revenu.

— C'est mon avis, dit Jean.

— Aussi vais-je te faire une proposition.

— Parle.

— Nous allons rallumer le feu et dresser la table. As-tu faim ?

— Non, mais j'ai soif.

— Bon ! et nous ferons un cent de piquet en parties liées, à trente sous la partie.

— Ça va. Je vais chercher du vin.

Pendant que Badinier jetait de la broussaille sur les tisons du foyer pour amener ce qu'on appelle une flambée, Jean reprit la lanterne, qui était restée sur la huche, retourna dans le corridor et souleva la trappe de la cave.

Alors il entendit des cris étouffés, des hurlements étranglés par le bâillon.

— Hé ! dit-il, je crois que les rats travaillent les pieds de Dagobert.

En effet, le malheureux forgeron était livré à cet affreux supplice, auquel Benoît le bossu avait failli succomber.

Mais, quoique plus vigoureux, il n'avait pas la souplesse de Benoît et il n'avait pu parvenir à se redresser, de telle façon que les bêtes immondes se promenaient sur tout son corps et lui causaient un épouvantement plein de dégoût et d'horreur.

Le valet de chambre se mit à rire.

A la clarté subite de la lanterne, les rats prirent la fuite, et le malheureux Dagobert cessa de hurler.

Un moment, même, il crut que le valet venait le délivrer.

Mais celui-ci se contenta d'aller, à l'autre extrémité de la cave, chercher quatre bouteilles de vin, et il regagna l'échelle en criant au forgeron d'un ton railleur :

— Bonne nuit, camarade !

Puis il remonta et laissa la trappe retomber derrière lui.

— Notre prisonnier ne s'est pas évanoui ? demanda Badinier, en voyant son compagnon revenir.

— Non, certes. Mais les rats le travaillent.

— Ah ! ah !

Et Badinier se mit à rire à son tour.

— C'est égal, poursuivit-il, nous ferons bien d'aller voir de temps en temps. Le maudit bossu nous a déjà fait le tour... Pourvu que le chevalier ne se mette pas en colère.

— Ça ne le changera guère, dit le valet de chambre en haussant les épaules. Tu sais bien qu'il est toujours de mauvaise humeur.

— Oui, parce qu'il n'a pas le sou. Mais quand il aura épousé la comtesse Aurore...

— Ah ! oui, tu y crois donc ?

— Dame ! si je n'y croyais pas, c'est-à-dire si je n'avais pas l'espoir de toucher mes gages un jour ou l'autre, est-ce que tu crois que je resterais au service de ce gentilhomme sans bottes ?

Et Badinier continua à rire aux éclats.

— Il est certain, reprit Jean, que nous avons un singulier maître, tout de même.

— Un cancre ! dit Badinier.

— Un misérable ! fit Jean.

— Capable de tout, hormis le bien, continua le jardinier garde-chasse.

— Après ça, dit Jean d'un ton moqueur, il est probable que si c'était un très-honnête homme, il ne nous garderait pas.

— Ça, c'est vrai.

Et daubant ainsi sur leur excellent maître, les deux valets se mirent à boire et à jouer.

Au bout d'une heure, le souci de leur prisonnier les reprit.

— Si tu allais voir? dit Jean.

— Volontiers, répondit Badinier qui prit à son tour la lanterne, et quitta la cuisine.

Jean profita de ce moment de répit pour tirer une pipe de sa poche, la charger et l'allumer à l'aide d'un tison.

Cinq minutes après, Badinier revint.

— Est-ce qu'il crie toujours? demanda Jean.

— Toujours. Il a le visage couvert d'écume.

Badinier était un peu pâle en parlant ainsi.

— Qu'est-ce que tu a donc? demanda le valet de chambre.

— J'ai peur.

— Et de quoi donc?

— Peur de cet homme. Sais-tu que si jamais il nous échappe, il se vengera!

— Bah! nous le tuerons.

— Mais nous ne le tiendrons pas toujours. Si tu savais comme il m'a regardé!

Jean haussa les épaules.

— Nous sommes grands et forts tous deux, poursuivit Badinier, mais il nous assommerait en deux coups de poing. Et puis...

— Et puis, quoi?

— Et puis, reprit Badinier, j'aimerais autant que nous n'eussions pas exécuté les ordres du chevalier.

— Pourquoi donc?

— Nous tombions d'accord tout à l'heure que M. le chevalier ne valait pas cher, hein?

— Je ne dis pas non.

— Eh bien! c'est l'opinion de tout le pays. On le craint et on le déteste rudement. Quelque jour, on mettra le feu ici.

— Bah!

— Et comme l'on ne nous aime pas plus que lui, on nous fera un mauvais parti.

— Nous n'y sommes pas encore, heureusement.

— Hé! qui sait? fit le jardinier. Est-ce que Benoît ne s'est pas sauvé?

— Oui. Eh bien?

— Qui nous dit qu'il n'a pas couru à Ingrannes ou à Sully et qu'il ne s'est pas mis à crier contre nous. Ils ne sont pas bons les gens de par-là...et s'ils savaient que Dagobert est ici, ils viendraient le délivrer.

Jean fronça le sourcil. La terreur de Badinier le gagnait peu à peu.

— Ma foi! dit-il, nous ferions bien de nous débarrasser de Dagobert.

— Comment?

— C'est facile. Tu vas voir.

— J'écoute.

— Je prends le couteau et je descends dans la cave.

— Bon. Après?

— Je pose la lanterne par terre, de façon qu'elle éclaire bien notre homme, et je remonte.

— Et puis?

— Tu me tiens la trappe ouverte; je prends mon fusil, et je lui envoie une balle dans la tête.

— Mais que dira le chevalier en revenant?

— Ce qu'il voudra. Oh! sois tranquille, il ne se fâchera pas bien fort. Un paysan de plus ou de moins, qu'est-ce que ça lui fait, après tout?

— Je ne dit pas non, dit Badinier. Cependant il faut songer à une chose.

— Laquelle?

— C'est que M. le chevalier ne sera pas le seul à savoir que nous avons tué Dagobert.

— Qui donc encore le saura?

— M. Lucien.

— Ah! c'est juste, fit Jean un peu désappointé.

— Et M. Lucien a beau se laisser entortiller par M. le chevalier, ce n'est pas un sacripant comme lui, et la mort de Dagobert pourrait nous coûter cher.

— Eh bien! alors, que veux-tu faire?

— Je ne sais pas. S'il y avait moyen que Dagobert mourût de mort naturelle.

— Comment cela ?

— Ecoute bien. Je suppose que nous allions le chercher dans la cave.

— Bon !

— Que nous le reportions en forêt et que nous le pendions...

— Hé ! c'est une idée, ça...

— Quand il sera mort, bien mort, nous lui délierons les pieds et les mains et il ne restera pas trace de notre crime, Dagobert sera censé s'être pendu lui-même.

— Mais pourquoi ?

— De désespoir.

— Voilà que je ne comprends plus du tout, dit Jean.

— C'est pourtant facile, reprit Badinier. Où M. Lucien et le chevalier sont-ils allés en nous quittant ?

— A la Cour-Dieu.

— Que sont-ils allés faire ? enlever la fillette, n'est-ce pas ?

— Sans doute.

— Eh bien, Dagobert s'est échappé d'ici comme s'était échappé Benoît.

— Fort bien, je devine le reste. Il a couru chez lui, il n'a plus trouvé Jeanne, il a perdu la tête et s'est pendu.

— C'est tout à fait cela, dit Badinier.

— Eh bien, ça y est-il ?

Cependant Badinier hésitait encore.

— Es-tu bête d'avoir peur ainsi ? fit le valet de chambre.

— Ah ! ma foi, oui, je suis bête... Allons, ça y est ! allons-y, dit Badinier.

Et il rejeta les cartes sur la table, avala un dernier verre de vin et se leva.

— Mieux vaut, ajouta-t-il, tuer le loup que se faire manger par lui.

— Silence ! dit tout à coup Jean le valet de chambre.

— Hein ! qu'est-ce qu'il y a ?

— J'entends le galop d'un cheval.

— Bah ! c'est peut-être M. le chevalier qui revient.... Eh bien ! je te fais un pari, c'est que mon idée ne lui déplaira pas...

— C'est bien possible.

Badinier alla ouvrir la porte extérieure du manoir.

— C'est ma foi vrai ! dit-il, on entend le galop d'un cheval.

Et tous deux prêtèrent l'oreille, et attendirent.

XLVI

Le bruit se rapprochait, en effet, peu à peu, et bientôt il fut avéré pour les deux serviteurs du chevalier, que cheval et cavalier entraient dans la petite avenue d'ormes qui conduisait à la gentilhommière.

Il était nuit encore; cependant quelques lueurs indécises glissaient sous le ciel, à l'horizon, et l'aube approchait.

Bientôt, la silhouette du cheval et du cavalier se détacha nettement sur le sable blanc de l'allée, et, peu après, ils entrèrent dans la cour.

Les chiens se mirent à hurler, ce qui était un signe évident que ce n'était pas le chevalier qui arrivait.

Cependant, c'était bien son cheval.

Jean et Badinier, stupéfaits, virent un jeune garçon mettre pied à terre et prendre l'animal par la bride.

Ce jeune garçon était un paysan.

— Hé! lui dit Badinier, qu'est-ce que tu veux, mon garçon?

— Vous êtes les domestiques de M. de Valognes? demanda-t-il d'une voix émue.

— Oui ! C'est donc lui qui t'envoie, que tu as son cheval ? demanda Badinier.

— Non, ce n'est pas lui, c'est M. Lucien.

— Ah !

— Il est arrivé un grand malheur, allez !

Jean et Badinier tressaillirent et s'avancèrent vivement ensuite.

— Qu'est-ce qu'il y a donc ? firent-ils.

— On a assassiné M. le chevalier ! répondit le jeune garçon.

Les deux serviteurs jetèrent un cri, mais ce fut plutôt un cri d'étonnement qu'un cri de douleur.

Le chevalier de Valognes n'avait jamais été aimé de personne ; comment l'eût-il été de ses domestiques ?

Le petit paysan continua :

— Je suis de la ferme de la Ravière, auprès de la Cour-Dieu ; nous étions couchés, quand nous avons entendu frapper à la porte. Alors mon père s'est levé... C'était M. Lucien qui arrivait avec M. le chevalier en travers de sa selle.

— Mort ! dit Jean.

— Non, pas encore... mais il n'en vaut guère mieux... M. Lucien est comme fou... Il s'arrache les cheveux... Il dit comme ça que c'est lui qui est la cause de tout... M. le chevalier est évanoui, et il n'avait pas encore repris connaissance quand je suis parti,

— C'est donc M. Lucien qui t'envoie ? demanda Badinier.

— Oui. Il dit comme ça que vous ferez bien d'amener une voiture ou un brancard, afin de transporter ici M. le chevalier.

— Et tu crois qu'il est blessé à mort ?

— Oh ! pour sûr.

— Mais qui donc l'a assassiné ?

— On ne sait pas.

— Avec quoi l'a-t-on frappé ?

— Une balle en pleine poitrine.

Badinier tressaillit.

— Hé ! hé ! dit-il, si c'était Benoît.

— Mon garçon, dit Jean au petit paysan, remonte à cheval et retourne chez toi au galop. Nous te suivons. Nous n'arriverons pas une demi-heure après toi.

Le paysan sauta en selle et repartit, frappant le cheval à coups de talon.

Alors les deux domestiques revinrent dans la cuisine et se regardèrent.

— Qu'allons-nous faire ? dit Badinier.

— Je ne sais pas, répondit Jean. Buvons toujours un coup de vin, c'est de bon conseil.

Et il avala un grand verre de vin.

— Si c'est Benoît qui a tiré, dit Badinier, je crois qu'il n'y a plus rien à faire.

— Comment ?

— Notre maître est mort d'avance. Adieu le mariage...

— Adieu nos gages, soupira Jean.

— C'est pour ça que nous ferions bien de nous payer de nos mains.

— Sur quoi ? Il n'y a rien dans cette bicoque.

— Bah ! nous trouverons bien toujours deux douzaines de couverts d'argent.

— Et puis ?

— Il y a bien une trentaine de pistoles dans le secrétaire du chevalier.

— C'est possible.

— Prenons toujours ça, par conséquent.

L'argenterie était serrée dans un bahut dont la vieille servante sourde avait la clé.

Badinier prit un marteau et un clou et fit lestement sauter la serrure.

On aurait tiré le canon, que la vieille servante n'aurait rien entendu.

Les deux coquins se partagèrent fraternellement l'argenterie.

Puis ils montèrent au premier étage, où se trouvait la chambre du chevalier.

Là, il y avait un vieux bonheur-du-jour dans

lequel M. de Valognes renfermait ce qu'il avait de précieux.

Il s'y trouvait en ce moment un sac d'écus, montant du dernier fermage, quelques bijoux de famille, un médaillon, enrichi de rubis et représentant la mère du chevalier.

Badinier et Jean firent main-basse sur tout cela.

Puis ils délibérèrent sur le parti à prendre.

— Nous ne pouvons pas rester ici, disait Badinier. Que notre maître meure ou non, on s'apercevra du vol.

— C'est incontestable, dit Jean, et nous ferons bien de nous en aller.

— Mais où?

— A Orléans d'abord, à Paris ensuite.

Le chevalier avait deux chevaux.

Un cheval de chasse, d'abord, qui venait de repartir avec le jeune garçon.

Puis, une grosse jument percheronne qui servait à faire des charrois, et qu'on attelait quelquefois le dimanche pour aller à la messe, après une antique carriole dont la caisse était placée sur les sangles.

Badinier et son complice s'en allèrent à l'écurie et harnachèrent la bête ; puis ils l'attelèrent à la carriole, dans laquelle ils entassèrent leur butin.

— Puisque nous y sommes, dit Jean, autant emporter quelques hardes et un peu de linge.

— Et un quartaut de vin vieux, dit Badinier.

— Va pour le quartaut ! dit Jean en riant.

Pendant tout ce pillage, le jour était venu, et la vieille servante s'était éveillée.

Les deux coquins l'entendirent marcher au-dessus d'eux.

— Oh ! dit Jean, il ne faut pas que la vieille nous embête !

Et il monta lestement l'escalier, s'arrêta à la porte de la chambre où elle couchait et regarda par le trou de la serrure.

La vieille femme achevait de s'habiller.

La clé était sur la porte, en dehors.

Jean tourna cette clé, et ayant ainsi enfermé la vieille servante, il redescendit fort tranquillement.

— Avant qu'elle soit parvenue à enfoncer la porte, dit-il, nous avons le temps de filer.

— Moi, fit Badinier, je vais aller chercher le quartaut.

Mais alors tous deux se souvinrent de Dagobert.

— Est-ce que nous allons le laisser vivant ? demanda le valet de chambre.

— Non pas. On ne sait ce qui peut arriver : tôt ou tard, nous le trouverions sur notre chemin.

— Tu as raison ; mais il ne faut plus songer à le pendre.

— Pourquoi ?

— Parce qu'il est grand jour, maintenant, et qu[e] nous ne ferions pas cent pas en forêt sans ren[contrer] un bûcheron.

— Eh bien ! descendons dans la cave et assom[mons]-le à coups de merlin.

— Pourquoi ne pas lui envoyer une balle dans l[a] tête ? C'est plus tôt fait.

— Au fait, tu as raison, dit Badinier, et la pre[mière] idée est toujours la meilleure.

Va prendre ton fusil, alors. Tu tires mieux qu[e] moi. Je vais chercher la lanterne.

Badinier courut à un pavillon qui était dans l[a] cour, et où son fusil était accroché.

Pendant ce temps, Jean avait allumé la lanterne et soulevé la trappe.

Badinier revint. Alors Jean descendit.

Dagobert était toujours au fond de la cave, couch[é] sur le dos et le visage couvert d'écume.

Il avait fait des efforts inouïs pour rompre se[s] liens et avaler son bâillon qu'il déchiquetait avec se[s] dents.

Efforts inutiles !

Seulement le chat, qui déjà avait porté secours [à] Benoît, était pareillement venu à son aide, et le[s] rats avaient pris la fuite.

— Hé ! camarade, lui dit Jean d'un ton moqueur, nous sommes meilleurs que nous n'en avons l'air, et nous n'aimons pas à faire souffrir le monde inutilement, comme tu vas voir.

Ce disant, il posa sa lanterne tout auprès du forgeron, qui le regardait avec fureur.

Puis il regagna l'échelle et remonta.

— Vois-tu bien ? dit-il bas à Badinier qui avait armé son fusil.

— Parfaitement.

— Alors, dépêche-toi.

— Je vais lui envoyer ça entre les deux yeux, dit Badinier, qui posa le pied sur le premier degré de l'échelle, tandis que Jean maintenait la trappe ouverte.

Puis le misérable épaula.

Soudain on entendit une détonation suivie d'un cri de douleur.

Et Badinier dégringola de l'échelle et tomba dans la cave.

Ce n'était pourtant pas le fusil de Badinier qui avait fait feu, mais c'était lui qui avait poussé le cri de douleur...

Et Jean, épouvanté, tournant la tête, aperçut une femme sur le seuil du vestibule.

Cette femme tenait à la main un pistolet encore fumant, avec lequel elle avait tiré sur Badinier ; et cette femme, c'était la comtesse Aurore, que les deux bandits n'avaient pas entendue entrer tout occupés qu'ils étaient de leur sinistre besogne !...

— A moi l'autre ! cria en même temps une voix,

Et Benoît le bossu, que la jeune fille masquait, fit un pas en avant et mit à l'épaule le fusil du braconnier, avec lequel il avait déjà fait feu sur le chevalier.

Le coup partit, et Jean, le valet de chambre, alla rejoindre, tout sanglant, Badinier qui se tordait, au fond de la cave, dans les convulsions suprêmes de l'agonie.

XLVII

Pendant que la comtesse Aurore et Benoît délivraient Dagobert, tandis que Lucien attendait vainement à la ferme de la Ravière que les gens du chevalier Michel de Valognes vinssent chercher leur maître, la comtesse des Mazures était en proie à une vive impatience.

Elle avait passé toute la nuit debout auprès de son feu, et en compagnie de Toinon.

On s'en souvient, c'était vers dix heures du soir que le chevalier Michel de Valognes était parti, en emmenant Benoît le bossu avec lui ; puis, vers minuit, qu'il était revenu chercher Lucien en lui disant :

— Dagobert est à nous, et nous pouvons aller à la Cour-Dieu enlever Jeanne.

La comtesse des Mazures avait eu connaissance du plan du chevalier et l'avait adopté sans réserve.

A partir de minuit donc, elle et Toinon avaient compté les heures avec une certaine anxiété, calculant le temps qu'il fallait pour aller à la Cour-Dieu et en revenir...

Et la nuit s'était écoulée tout entière, et la comtesse avait eu beau se mettre à la fenêtre et prêter l'oreille, elle n'avait point entendu retentir le galop de cavaliers revenant en toute hâte de quelque nocturne et mystérieuse expédition.

Quand les premiers rayons de l'aube parurent, la comtesse et Toinon se regardèrent. Toutes deux étaient fort pâles.

— Mais qu'est-il donc arrivé? s'écria la comtesse.

— Je ne le sais pas au juste, dit Toinon, mais je m'en doute.

— Parle donc, alors, fit la comtesse avec vivacité.

— Je crois, reprit Toinon, que le chevalier aura manqué son coup?

— Comment cela?

— C'est-à-dire que Dagobert ne sera pas tombé dans le piége.

— Eh bien?

— Alors, il s'en sera retourné chez lui et aura emmené M. Lucien.

— Pourquoi faire ?

— Mais pour combiner autre chose.

— De telle sorte que la petite n'aura pas été enlevée ?

— Non.

Un éclair de fureur passa dans les yeux de la comtesse :

— Ah çà ! fit-elle, nous qui avions toujours réussi dans ce que nous voulions, allons-nous échouer maintenant ?

— Bah ! répondit Toinon, ce qui ne réussit pas aujourd'hui peut réussir demain. Et puis...

— Et puis, quoi ? fit la comtesse.

— Je crois, Madame, que vous vous êtes trop pressée d'accorder votre confiance au chevalier. C'est peut-être un imbécile.

— Il faut pourtant, dit la comtesse d'une voix sifflante et qui couvait des tempêtes, il faut pourtant que la petite soit à nous.

— Cela sera si je m'en mêle, répondit Toinon avec une assurance qui fit tressaillir Mme des Mazures.

— Mais enfin, où est Lucien ? dit-elle.

— Voilà ce que je saurai avant une heure, dit Toinon.

— Comment ?

— Je vais aller chez M. de Valognes.

— Et si Lucien et le chevalier n'y sont pas ?

— J'irai à la Cour-Dieu.

Et Toinon, en effet, descendit dans la cour du château de Beaurepaire ; mais elle ne mit pas, comme l'autre nuit, le jardinier et son âne en réquisition.

Toinon se fit seller un cheval, un double poney percheron, qui était, après le cheval de chasse de Lucien, la meilleure et la plus vive bête des écuries, et, en vraie bohémienne qu'elle était, elle sauta dessus et partit au galop.

La comtesse, accoudée à une fenêtre, la suivit des yeux jusqu'au chemin qui s'enfonçait dans la forêt.

Alors son inquiétude la reprit.

A l'aube avait succédé le soleil, et Lucien ne revenait pas.

En toute autre circonstance, Mme des Mazures aurait envoyé ses domestiques dans toutes les directions ; mais elle ne l'osa cette fois, et force lui fut de dévorer son angoisse.

Cependant les heures s'écoulaient, Lucien ne revenait pas, et Toinon non plus.

De sombres pressentiments assaillaient cette femme qui avait toujours vécu dans le crime et que le remords ne tourmentait qu'à de rares intervalles,

Elle commençait à trembler pour son fils.

A l'époque où l'on était arrivé, les doctrines des philosophes avaient pénétré dans l'esprit du peuple; les paysans n'étaient plus humbles et soumis; ils ne laissaient échapper aucune occasion de relever la tête et de se rebeller.

Et la comtesse, songeant à cet esprit de révolte qui soufflait de toutes parts, se disait que peut-être Dagobert avait soulevé les gens d'Ingrannes et de Sully et qu'il avait fait un mauvais parti à Lucien et au chevalier.

Mais enfin elle entendit dans le lointain retentir le galop d'un cheval, et bientôt elle reconnut sur le chemin qui longeait la forêt et venait de Sully, le cheval gris pommelé de Lucien.

C'était bien, en effet le jeune comte des Mazures qui arrivait en toute hâte.

Il était seul.

— Ah! murmura la comtesse avec un accent de fureur, ils ont échoué!...

Lucien ne ralentit l'allure de son cheval qu'en franchissant la grille de la cour.

Alors Mme des Mazures, demeurée à la fenêtre, remarqua que les vêtements de son fils étaient souillés de boue et de sang, que son visage était d'une pâleur mortelle, et qu'il paraissait en proie à une violente agitation.

Deux domestiques s'étaient empressés d'accourir.

Lucien, qui ne leva point la tête et ne vit pas sa mère à la fenêtre, leur dit d'une voix brève, saccadée, haletante :

— Vite, attelez un cheval au carrosse de ma mère et suivez-moi !

Ces paroles montèrent jusqu'à la comtesse.

— Lucien ! s'écria-t-elle.

Alors le jeune homme aperçut sa mère.

— Lucien, mon enfant, reprit-elle, que vous est-il donc arrivé ! Pourquoi demandez-vous mon carrosse, et comment êtes-vous en cet état ?

Lucien se borna à répondre :

— Je monte chez vous, ma mère.

En effet, il mit pied à terre, jeta sa bride à l'un des valets et se dirigea vers le perron.

Deux minutes après, il entrait dans l'appartement de la comtesse, qui était devenue toute tremblante.

— Ma mère, dit-il froidement, un grand malheur nous est advenu.

— Un malheur ! exclama la comtesse.

— Le chevalier de Valognes, mon ami, est mourant.

— Que voulez-vous dire ?

— Il a été frappé d'une balle en pleine poitrine, et je doute qu'il survive à cette blessure.

— Mais par qui a été commis ce crime? s'écria Mme des Mazures. Où et quand cela est-il arrivé?

— J'ignore quel est l'assassin, dit Lucien. Le chevalier m'attendait sur la route tandis que j'allais au couvent... Quand je suis revenu, je l'ai trouvé couché en travers du chemin et baigné dans son sang.

Lucien disait tout cela avec un accent égaré, sans lever les yeux sur sa mère et sans avoir, comme à l'ordinaire, pris la main de la comtesse pour la porter à ses lèvres. Puis il continua :

— Je l'ai transporté moi-même à une ferme voisine, et j'ai envoyé un des hommes de la ferme chez lui pour qu'il ramenât les gens du chevalier.

Cet homme est revenu en disant que ses gens le suivaient. Mais je les ai vainement attendus. Alors j'ai pris le parti de revenir au château, où je vais faire transporter le blessé. Il sera mieux soigné ici qu'il ne le serait chez lui, et, ayant dit tout cela, Lucien fit un pas de retraite.

La comtesse était frappée d'une sombre stupeur.

Mais au moment où Lucien allait franchir le seuil de la porte, elle s'écria :

— Est-ce donc là tout ce que vous avez à me dire, mon fils?

— Mais... ma mère... balbutia Lucien qui ne leva point les yeux sur elle.

— Vous êtes, dites-vous, allé à la Cour-Dieu ? reprit la comtesse.

— Oui, ma mère.

— Et vous avez vu... Jeanne...

— Je l'ai vue.

— Eh bien ?

— Elle n'était pas seule.

— Ce maudit Dagobert, sans doute...

— Non, ma mère, dit Lucien.

Alors le jeune homme leva sur la comtesse un regard qui lui mit l'épouvante au cœur.

— Ah ! vous voulez savoir ? dit-il.

— Mais parlez donc !... s'écria Mme des Mazures avec une impatience inquiète.

— Soit, dit Lucien. Eh bien ! ma mère, Jeanne n'était pas seule.

— Avec qui donc était-elle ?

— Avec une personne qui m'a dit que mon amour était un crime et un blasphème.

— Que voulez-dire ? fit la comtesse qui fronça légèrement ses noirs sourcils.

— Cette personne, répondit Lucien, c'était ma cousine Aurore.

La comtesse respira.

— Oh ! dit-elle, Aurore est jalouse... et elle a dû

vous dire tout ce qui lui passait par la tête. Cependant, vous êtes bien libre de ne pas l'aimer et d'aimer Jeanne...

Lucien secoua la tête.

— Ma mère, dit-il, savez-vous ce que m'a dit Aurore ?

— Parlez...

— Jeanne est sa sœur...

La comtesse pâlit.

— Ah! vous savez cela? fit-elle.

— Toutes deux sont les filles de Gretchen que vous avez assassinée, acheva Lucien. Adieu, ma mère...

Et il sortit sans même retourner la tête.

La comtesse jeta un grand cri et tomba à la renverse................................

....

Quand Mme des Mazures revint à elle, son fils n'était plus là.

Mais Toinon lui donnait ses soins et lui faisait respirer des sels.

— Ah! Toinon, murmura-t-elle, si tu savais... Lucien a vu Aurore...

— Je le sais, dit la bohémienne.

— Aurore et Jeanne savent qu'elles sont sœurs.

— Après? dit froidement Toinon.

— Et Lucien sait que nous avons empoisonné Gretchen.

— Cela devait arriver, dit la bohémienne avec calme; mais il y a une chose qu'ils ne savent pas et que je sais, moi.

— Quoi donc? demanda la comtesse, que ce flegme de Toinon réconfortait un peu.

— Ils ne savent pas où est la cassette.

— La cassette qui renferme la dot de Jeanne?

— Oui.

— Et tu le sais, toi?

— Je le sais.

Alors Toinon dénoua le fichu qu'elle avait sur les épaules, et la comtesse vit pendre un fil de soie à son cou et au bout de ce fil de soie une bague qui paraissait être en fer.

C'était la bague de Dagobert.

Cette bague, dont le chaton renfermait un papier à l'aide duquel le forgeron et dom Jérôme devaient retrouver la fortune du défunt comte des Mazures et de la princesse Hélène de Carlotembourg.

Et cette bague était maintenant aux mains infâmes de Toinon.

Comment?

C'est ce que nous allons vous dire.

LXVIII

Toinon, on s'en souvient, avait fait seller le meilleur cheval des écuries, avait sauté dessus avec la légèreté d'une bohémienne, et s'était élancée au galop vers la forêt.

Elle ne savait trop encore en partant où elle irait.

Se dirigerait-elle vers la Cour-Dieu, ou piquerait-elle tout droit vers le manoir du chevalier de Vallognes ?

La forêt d'Orléans ressemble à une écrevisse gigantesque. Elle a des parties qui s'étendent sur les terres arables, avec des formes irrégulières, et elle enclave des hameaux et même des villages.

Elle est partout et nulle part, si on peut s'exprimer ainsi, car son massif le plus grand n'a pas trois lieues de profondeur carrée.

Cela explique comment, que l'on allât au château de Beaurepaire ou bien à la Billardière, à la Cour-Dieu ou chez M. de Valognes, il fallait toujours traverser un bout de forêt.

Le sol de la forêt est argileux, et produit, par les temps mous, une boue noire.

En hiver, le sol des allées conserve tant d'empreintes, tant de pieds de chevaux profondément enfoncés, tant d'ornières creusées par les derniers charrois, que les chasseurs qui les suivent préfèrent galoper sur le rebord des fossés plutôt que d'exposer leurs montures à se casser la jambe dans quelque trou durci par la gelée.

C'était là-dessus que comptait Toinon.

Cette fille était d'origine tsigane. Avant de venir en Bavière et de chercher une condition à Munich, vingt années auparavant, elle avait fait partie d'une de ces bandes de bohémiens qui courent les grands bois du nord de l'Europe et sont familiers avec la vie nomade.

Une fois en forêt, Toinon respira l'air, dilata ses narines et sentit s'éveiller en elle tous ses instincts sauvages.

Le chevalier de Valognes, en quittant Beaurepaire, avait fait ce que faisaient les chasseurs : il s'était défié du milieu crevassé des allées et avait mis son cheval sur le fossé.

L'œil de lynx de Toinon reconnut tout de suite sa trace.

Le fossé était couvert d'herbe, et cette herbe courbée sous le fer des chevaux, ne s'était redressée qu'imparfaitement.

Puis la gelée du matin était venue, et recouvrant tout à fait chaque empreinte l'avait fait ressortir nettement.

Toinon démêla tout d'abord la trace du cheval de M. de Valognes ; puis, un peu plus loin, le pas d'un homme à pied ; et elle arriva ainsi jusqu'à ce carrefour où le chevalier s'était tout d'abord arrêté avec Benoît.

Une gelée blanche couvrait la terre et étincelait maintenant aux premiers rayons du soleil.

Toinon s'arrêta au milieu du carrefour et s'orienta.

Le carrefour était coupé transversalement par la route de la Cour-Dieu.

Toinon s'engagea un moment dans cette voie, mais elle revint bientôt sur ses pas.

Quelque chose l'attirait vers le carrefour.

Tout à coup elle aperçut une branche d'arbre cassée dans le fossé.

Ce n'était pas un indice à dédaigner. Elle mit pied à terre, attacha son cheval au poteau et s'approcha du fossé ; là, il lui fut aisé de reconnaître que les broussailles étaient froissées, et qu'il y avait une sorte de brèche au milieu d'elles.

La terre étant moins dure, grâce à un peu d'eau qui était entrée dans le fossé et qui avait gelé, Toinon reconnut aisément un pied d'homme, puis un second... et alors elle n'hésita plus. Elle passa au travers des broussailles et entra sous bois.

Là, elle vit encore une branche cassée ; celle-là

pendait à un arbre qui était isolé au milieu de touffes rabougries.

Toinon s'approcha encore.

Le sol couvert d'herbe jaune et maigre portait les empreintes d'une lutte.

Ce n'était plus un pied, mais six qu'on y découvrait, et Toinon, devant laquelle le chevalier avait exposé son plan durant la soirée précédente, ne douta pas un seul instant que ce ne fût là qu'on eut tendu le collet à chevreuil.

Dès lors elle voulut savoir si le piége avait réussi et si on avait pris Dagobert.

Et elle se mit à tourner autour de l'arbre à la branche cassée et se disant :

— Si je ne retrouve pas le gibier, je retrouverai peut-être le collet.

En effet, dans son esprit, ou le collet avait fonctionné, ou l'homme était parvenu à le briser ; dans l'un et l'autre cas, elle devait en retrouver tout ou partie.

Mais tout à coup, Toinon s'arrêta brusquement, une angoisse subite la prit à la gorge, et un cri sourd lui échappa.

En même temps ses yeux se fixaient hébétés sur le sol.

Qu'avait-elle donc vu?

Ce n'était pas le fil de laiton qu'elle cherchait, à

coup sûr ; c'était un objet tout petit qui se détachait en noir sur la gelée blanche qui avait fondu tout à l'entour.

Et Toinon frémissante finit par se baisser et ramassa cet objet qui, on l'a deviné, n'était autre que la bague de Dagobert.

Le forgeron s'était débattu contre le collet d'abord qui lui avait pris la taille et le bras gauche, puis contre les deux misérables appostés là par le chevalier de Valognes. Il en était résulté que la bague qui entrait aisément à son doigt avait glissé et qu'il ne s'en était pas aperçu.

Toinon avait reconnu ce singulier bijou au premier coup d'œil.

La bague était noire, nous l'avons dit, et on aurait pu la croire en fer; Mais Toinon eut bientôt remarqué les armoiries gravées sur le chaton et alors elle prit une poignée d'herbe et se mit à la frotter; peu à peu la couleur noire s'éclaircit et en quelques secondes l'or reparut.

Alors Toinon sortit du fourré et regagna le carrefour.

La bague qu'elle serrait dans sa main était évidemment la clef d'un secret;

Ces armoiries, cette couche de noir dont on l'avait recouverte, tout cela prouvait une chose, c'est que cette bague, perdue par le forgeron et que Toinon avait déjà remarquée à son doigt le matin précédent, devait avoir, sinon pour lui, au moins pour Jeanne, une valeur inestimable.

La bohémienne sortit donc du fourré et regagna le carrefour.

Là, elle s'assit au pied du poteau, tout auprès du cheval, et se mit à tourner et à retourner la bague dans ses doigts.

Il y avait si longtemps que le chaton n'avait pas été ouvert que Toinon crut un moment que la bague était d'une seule pièce. S'il en était ainsi, il fallait chercher le secret dans la taille des armoiries.

Mais, à force de tourner et de retourner, Toinon finit par acquérir la conviction que le chaton se dévissait. Seulement, il était forcé et il serait besoin d'un outil quelconque pour arriver à ce résultat.

Heureusement, Toinon était une femme de ressources. Elle se souvint qu'elle avait pris le cheval du piqueur La Branche.

Naturellement, on avait mis au cheval une selle ordinaire, Toinon ayant l'habitude de monter à califourchon, en vraie fille sauvage qu'elle était.

Or, cette selle avait des fontes, et, sous les fontes, Toinon savait trouver une boîte en cuir qui n'était autre qu'une petite pharmacie portative.

Toinon se dressa donc sur la pointe des pieds;

plongea la main dans l'une des fontes et en retira la boîte de cuir.

Il y avait un peu de tout, une lancette, des ciseaux, de la charpie, un flacon d'ammoniaque, un bistouri, et enfin une petite fiole d'huile d'olive.

Toinon s'était assise de nouveau au pied du poteau, tandis que le cheval broutait un brin d'herbe folle qui poussait dans le carrefour.

La fiole d'huile était précisément ce dont elle avait besoin.

En effet, lorsqu'elle eut versé, dans le creux de sa main gauche, quelques gouttes de son contenu et frotté la bague en tout sens, l'huile pénétra dans les rainures du chaton, et le chaton se dévissa aisément.

Alors Toinon trouva cette boulette microscopique de papier pelure d'oignon.

Elle la déroula, la déplia et prit connaissance de cette lettre écrite par Raoul de Maurelière au comte de Beauvoisin, c'est-à-dire à dom Jérôme.

Cette lecture plongea Toinon dans une rêverie profonde, après laquelle elle se dit :

— Au lieu de m'en retourner à Beaurepaire, je pourrais bien m'en aller à Paris, m'emparer de la cassette et retourner dans mon pays, où je serais princesse, si bon me semblait...

Mais cette fille qui n'avait jamais reculé devant un crime, avait cependant une affection au cœur.

Le vice attire le vice, les natures perverses s'aiment quelquefois.

Toinon aimait la contesse des Mazures ; voir celle-ci satisfaite était pour la bohémienne un bonheur.

— Non, non, se dit-elle, je ne volerai pas celle qui est bien plus mon amie que ma maîtresse. D'ailleurs, elle et moi nous ne faisons qu'une, si elle est riche je le suis.

Toinon remit donc la boule de papier dans le chaton qu'elle referma, passa la bague à un cordon qu'elle avait au cou, replaça la pharmacie dans la fonte, détacha le cheval et se remit en selle.

— A présent, dit-elle, sachons ce qu'est devenu Lucien.

La bague retrouvée sur le sol était une preuve que le forgeron s'était débattu ; et Dagobert était d'une force herculéenne.

Comme Benoit, quelques heures auparavant, Toinon se méprit.

Elle crut que Dagobert était sorti victorieux des mains de ses ennemis ; que, par conséquent, il avait regagné la Cour-Dieu, et que le chevalier, en homme prudent, avait emmené Lucien chez lui.

Donc, au lieu de prendre le chemin de la Cour-Dieu, Toinon, à tout hasard, lança son cheval dans une allée qui devait conduire au manoir de M. de Valognes.

Mais comme elle suivait le bord du fossé, un bruit vint mourir à ses oreilles.

Ce bruit qui partait des profondeurs d'un massif de forêt, était celui de plusieurs voix, dont une qui avait l'accent traînard et glapissant.

Toinon arrêta son cheval et écouta avec attention.

Les voix étaient sous une allée parallèle à celle qu'elle suivait.

Toinon avait déjà reconnu l'accent traînard et glapissant pour appartenir à Benoît le bossu.

Elle écouta plus attentivement encore, et reconnut une voix de femme.

On eût dit la voix de la comtesse Aurore.

Alors Toinon fit franchir le fossé à son cheval et se jeta résolument dans un faux chemin qui devait conduire à l'autre route forestière.

Et tout à coup, ce faux chemin arrivant dans une éclaircie, Toinon s'arrêta de nouveau.

Elle venait de voir passer, à cent pas de distance, la comtesse Aurore à cheval, et marchant à côté d'elle, Benoît le bossu et le forgeron Dagobert.

— Ma foi! se dit-elle alors, je commence à ne plus y comprendre...

Aurore et ses deux compagnons n'avaient point

entendu le trot du cheval de Toinon sous bois, et Toinon, toujours prudente, les laissa passer.

XLIX

On devine la scène qui avait suivi le coup de pistolet de la comtesse Aurore et le coup de fusil de Benoît le bossu.

Benoît était descendu dans la cave où les deux misérables, grièvement blessés, étaient tombés presque l'un sur l'autre, et s'était précipité sur Dagobert, qu'il s'était empressé de délivrer en le débarrassant de ses liens qu'il coupa, partie avec son couteau et partie avec ses dents.

Le forgeron était à demi fou de rage et de douleur, car il comprenait maintenant pourquoi on s'était emparé de lui et pourquoi on l'avait ainsi bâillonné.

Tandis qu'il était prisonnier, le comte Lucien des Mazures enlevait Jeanne, sans doute.

A peine se fut-il remis sur ses pieds, qu'il dit à Benoît avec l'accent du désespoir.

— Ah! tu viens trop tard!

— Pourquoi donc ça? fit Benoit; vous n'êtes ni mort, ni blessé, je suppose.

— Jeanne...

— Sauvée! dit Benoît.

Dagobert lui serra vivement le bras.

— Sauvée, dis-tu?

— Oui.

— Par qui? par toi?...

— Venez, vous allez le savoir...

Ils passèrent à pieds joints sur les corps convulsifs de Jean et de Badinier, qui se tordaient en blasphémant; ils regagnèrent l'échelle de meunier et tout à coup, comme il arrivait en haut, Dagobert étouffa un cri d'étonnement.

La comtesse Aurore était au bord de la trappe, calme et souriante :

— Ah! mon pauvre Dagobert, dit-elle, si je n'avais pas visé juste, ou si j'avais fait feu une seconde trop tard, vous étiez mort...

Dagobert, de plus en plus stupéfait, se prit à balbutier des mots sans suite.

La comtesse Aurore sa libératrice !

C'était d'autant plus incompréhensible pour lui, qu'elle était la cousine du comte Lucien des Mazures, et que, dans le pays, elle passait pour dure et hautaine, ingrate au pauvre monde, comme on dit.

Aurore comprit ce qui se passait dans l'esprit de Dagobert, et elle posa sur son épaule sa belle main blanche et nerveuse :

— Dagobert, lui-dit-elle, vous êtes bien étonné,

n'est-ce pas, de me voir ici, surtout de me devoir la vie?

Dagobert la regardait d'un air hébété.

— Vous le serez bien davantage quand je vous dirai que cette nuit, tandis qu'on vous retenait ici, mon cousin Lucien avait formé le projet d'enlever Jeanne, et que, grâce à moi, il n'a pu le mettre à exécution.

— Oh! murmura enfin Dagobert, je crois bien que je suis endormi et que tout cela est un rêve!

— Oh! mais non, fit Benoit, aussi vrai qu'à cette heure les gens de par ici ne valent pas grand'chose, il y en a deux en bas qui ne remonteront pas tout seuls, et quant à leur maitre, il a son affaire, lui aussi. Sois tranquille, Dagobert, je t'ai vengé.

— Dagobert, poursuivit Aurore, je reviens de la Cour-Dieu et j'ai laissé Jeanne aux mains de dom Jérôme.

Parler de dom Jérôme à Dagobert, c'était lui donner confiance.

Du moment que la comtesse agissait de concert avec le prieur-abbé, elle devenait une amie.

Et, enfin, comme, malgré tout cela, Dagobert ne pouvait maîtriser son étonnement, Aurore ajouta :

— Et, maintenant, mon bon ami Dagobert, si vous voulez savoir pourquoi j'ai sauvé Jeanne, pourquoi je vous ai délivré, vous, je vais vous le dire.

Jeanne et moi, nous avons eu la même mère, et nous sommes sœurs.

Si la foudre fût tombée aux pieds du forgeron, il eût été moins ahuri, moins pétrifié peut-être.

Pendant quelques secondes, il regarda tour à tour Benoît et la comtesse, et, de nouveau, la pensée qu'il était le jouet d'un rêve lui revint.

Mais des plaintes sourdes montaient de la cave, mêlées à des blasphèmes et à des cris de douleur.

Badinier agonisait sans doute, Jean moins grièvement blessé, se plaignait avec plus d'énergie.

En même temps, un autre bruit se faisait sous les combles du château.

C'était la vieille servante que le valet de chambre avait enfermée dans sa mansarde et qui, ayant entendu la double détonation, essayait de briser la porte pour sortir.

— Madame, dit Benoît, s'adressant à la comtesse, il ne fait pas bon rester ici; filons.

— Et retournons à la Cour-Dieu, dit Aurore.

Et tous trois partirent en toute hâte, sans avoir ouvert à la vieille servante, et après avoir refermé la trappe de la cave, éteignant ainsi les cris d'agonie des deux blessés.

Dagobert avait passé par de si cruelles émotions depuis quelques heures, qu'il fallut le grand air et une longue marche dans les bois pour lui rendre sa présence d'esprit.

Il marchait auprès de la comtesse, qui était remontée à cheval, et il la regardait sans cesse, comme peut-être jamais il n'avait regardé une femme.

Pourquoi? Le pauvre et naïf garçon aurait été bien embarrassé de le dire.

Vingt fois il avait vu passer la jeune amazone devant sa porte quand elle chassait, et il n'avait éprouvé qu'une sorte d'aversion instinctive; car, on le sait, la comtesse n'était pas aimée aux alentours de la forêt.

Maintenant Aurore lui apparaissait sous un jour tout nouveau.

Elle avait cette beauté rayonnante qui passionne la foule, cette voix harmonieuse et sonore qui captive les cœurs, et Dagobert lui devait la vie...

Enfin, elle était la sœur de Jeanne.

Comment cela pouvait-il être? comment ne l'avait-il jamais su?

Dagobert ne le demandait même pas, et il continuait à regarder la comtesse avec une naïve admiration et une émotion mystérieuse que jamais il n'avait éprouvée en regardant Jeanne, pour qui cependant il eût donné tout son sang.

On arriva ainsi à la Cour-Dieu.

Si Dagobert avait douté un seul instant de la

véracité d'Aurore et de Benoît, ses doutes se fussent évanouis alors, car il trouva dom Jérôme et deux autres moines dans la forge.

Jeanne se jeta dans ses bras, et ensuite elle se suspendit au cou d'Aurore, qu'elle appela de nouveau « ma sœur. »

Et le vieux prêtre, les yeux pleins de larmes, murmurait :

— L'une est le portrait vivant de Gretchen, l'autre a la même voix; ah ! elles sont bien sœurs !

Mais un cri de Dagobert mit fin tout à coup à cette scène d'attendrissement.

Le forgeron venait de s'apercevoir que sa main gauche était veuve de la bague au chaton mystérieux.

— Oh ! tonnerre ! s'écria-t-il, les brigands ! ils m'ont pris la bague.

— Quelle bague ? fit Aurore.

— Celle que je portais, celle qui renfermait la fortune de Jeanne ! s'écria Dagobert éperdu.

Mais dom Jérôme se prit à sourire.

— Rassure-toi, dit-il, le mal est moins grand que tu ne penses; j'ai bonne mémoire, et je sais ce que contenait le papier enfermé dans le chaton.

— Mais, dit Dagobert frémissant, eux aussi le savent maintenant... et ils vont aller à Paris...

— Non, dit Benoît, ce n'est toujours pas M. le chevalier de Valogues qui ira.

Et comme on le regardait, il ajouta froidement :

— Je lui ai envoyé une balle dans la poitrine, cette nuit, et s'il n'est pas mort il n'en vaut guère mieux.

— Et nous arriverons toujours les premiers, dit dom Jérôme, à qui Dagobert avait tout à l'heure tendu le message de l'évêque d'Orleans, qui était resté dans sa poche.

L'évêque accordait au prieur la permission de quitter son monastère pendant huit jours.

— Et j'irai avec vous, dit Aurore.

. . . .

Une heure après, Aurore galopait seule sur la route de la Billardière.

Comme elle arrivait en vue du château, elle vit accourir un domestique à sa rencontre.

— Ah! Mademoiselle, mademoiselle, lui dit cet homme, venez vite !... quel malheur !... si vous saviez !...

— Qu'y a-t-il donc? demanda Aurore en pâlissant.

— Benjamin... M. Benjamin...

Le domestique s'arrêta.

— Où est Benjamin? demanda-t-elle.

— Mort! répondit le valet.

Aurore jeta un cri :

— Mort! mort !... dit-elle, mais... c'est impossible !...

— Mort subitement, d'une attaque d'apoplexie...

— Et mon père ? s'écria encore la comtesse.

— Il a le délire... nous avons cru qu'il allait passer cette nuit...

Aurore, frémissante, arriva au château.

Elle entra tout d'abord dans la chambre où l'on avait couché le vieillard.

La mort avait été foudroyante, et le visage du pauvre Benjamin était demeuré calme et presque souriant.

La jeune fille prit sa main glacée et la baisa, écoutant d'une oreille distraite et affolée le récit de cet étrange trépas.

Puis elle entra dans la chambre de son père.

Le chevalier paraissait à l'agonie.

Il tourna vers sa fille un œil mourant; en même temps il sembla que la raison lui revenait, et ce fut d'une voix affaiblie et qui paraissait prête à s'éteindre, qu'il murmura :

— Asseyez-vous là, ma fille, et écoutez-moi... car je ne veux pas emporter votre mépris dans la tombe...

— Ah! mon père, s'écria Aurore, le repentir a-t-il donc touché votre âme ?

Le chevalier leva les yeux au ciel, et certes, en ce moment, Aurore était loin de se douter que le mirable allait jouer devant elle le premier acte d'une infâme comédie.

XXXII

Le chevalier des Mazures avait passé une nuit assez tourmentée.

Il savait où était allée Aurore, mais pourquoi ne revenait-elle pas ?

Il se souvenait que, tandis qu'il était en proie à cette léthargie qui ne lui laissait de libre que l'ouïe, il avait entendu la jeune fille et Benjamin concerter entre eux un plan de fuite.

Mais cette fuite ne devait avoir lieu que le lendemain soir, et dès lors le chevalier ne comprenait plus que sa fille ne fût pas encore de retour.

Que s'était-il donc passé ?

La nuit s'écoula tout entière, le jour vint, puis le soleil.

Aurore ne revenait pas.

Enfin, comme dix heures du matin sonnaient, le chevalier qui, aux yeux de ses gens, paraissait moribond, le chevalier avait entendu retentir dans la cour le sabot du cheval d'Aurore.

Dès lors, le prétendu moribond avait songé à prendre son rôle au sérieux.

— Une fille finit toujours par croire son père, s'était-il dit.

La maladie, en paralysant partiellement son corps, avait développé chez lui d'une façon surprenante le sens de l'ouïe.

Le chevalier entendait à une grande distance et presque à travers les murs.

Il ne perdit donc ni un mot ni un détail de l'arrivée de sa fille.

Il l'entendit pousser un cri de douleur en pénétrant dans la chambre du mort; il écouta le récit des domestiques affirmant à la comtesse que Benjamin avait succombé à une attaque d'apoplexie.

Il comprit, enfin, qu'Aurore n'élevait pas même un doute sur cette version.

Dès lors, le chevalier était tranquille.

Quand sa fille entra et vint s'asseoir à son chevet, le chevalier des Mazures paraissait n'avoir pas une heure à vivre.

Son plan était prêt, et il allait jouer le tout pour le tout.

— Aurore, dit-il, je vais mourir; je sens que la goutte me remonte dans l'estomac, et, dans quelques heures, elle m'aura étouffé.

— Mon père... murmura Aurore, émue, en dépit

de l'horreur que lui inspirait le meurtrier de sa mère, mon père... vous exagérez, sans doute... vous vous trompez...

Il secoua la tête, parut faire un effort suprême en poussant son bras hors du lit, et il prit la main de la comtesse dans la sienne.

— Aurore, dit-il, je ne veux pas quitter ce monde sans vous avouer mes torts, sans vous dénoncer de grands criminels, et sans vous apprendre quel devoir impérieux vous aurez à remplir après ma mort.

Ce début était au moins étrange pour Aurore.

Matériellement, il lui paraissait impossible que son père soupçonnât même les confidences du pauvre Benjamin, et elle ne pouvait admettre que, s'il parlait, il obéit à un autre sentiment que le remords.

Ensuite, il parlait de torts, mais non de crimes.

Enfin, il disait qu'il existait de grands criminels mais il paraissait devoir être leur dénonciateur et n'avoir jamais été leur complice.

Et Aurore, pleine de stupeur, lui dit :

— Parlez, mon père, je vous écoute.

— Mon enfant, reprit le chevalier, vous m'avez demandé le motif de l'aversion que je témoignais à votre tante, la comtesse des Mazures.

— En effet, dit Aurore.

— Et j'ai refusé de vous répondre, car je ne me croyais pas alors si près de ma fin.

Aurore tressaillit.

— Aujourd'hui, reprit le chevalier il faut que je parle ; il le faut, car si j'emportais ce secret dans la tombe, je commettrais le plus grand des crimes.

— Parlez donc, mon père, répondit Aurore dont le cœur battait à outrance.

— Ma fille, poursuivit le chevalier d'une voix si faible qu'on eût dit qu'il allait rendre l'âme, la comtesse est une misérable créature qui s'est éprise, dans notre jeunesse, d'une passion coupable pour moi. Cette passion l'a conduite au crime.

Le chevalier s'arrêta comme s'il eût reculé devant le terrible aveu qu'il allait faire.

— La comtesse a empoisonné votre mère, dit-il enfin.

Aurore se leva toute frémissante.

— Attendez, poursuivit le chevalier en serrant fiévreusement la main d'Aurore qu'il continuait à tenir. Votre tante et un frère à moi, que vous n'avez point connu, ont été bien coupables, envers moi d'abord ; ils m'ont pris pour jouet, ils m'ont horriblement trompé.

Mon frère, le comte des Mazures, avait séduit une jeune fille, et un enfant était né de leurs amours.

Cet enfant, on l'élevait dans l'ombre.

Moi aussi, j'étais amoureux de cette jeune fille, et j'ignorais sa faute; on ne me l'avoua pas, on me prit au contraire pour un redresseur de torts, et je l'épousai. C'était votre mère.

— Après? après? dit Aurore qui croyait deviner où le chevalier en voulait venir.

— La première année de notre union avec votre mère, reprit-il, fut pour moi une année de bonheur et d'ignorance.

Mon frère, homme léger et corrompu, avait épousé la princesse de Waldener-Carlottembourg, laquelle avait adopté le premier enfant de votre mère, et tous deux gardaient le secret du déshonneur de votre mère, et sans votre tante je l'aurais toujours ignoré.

Mais, je vous l'ai dit, votre tante m'aimait avec passion, avec furie, et elle haïssait votre mère, tout en paraissant l'accabler de protestations d'amitié.

Cependant, un jour, une lettre sans signature m'arriva.

Cette lettre, œuvre de la comtesse, je l'ai su depuis, m'apprenait tout.

Dans un premier moment de fureur, je voulus tuer votre mère; elle se jeta à mes pieds, elle me demanda pardon, et je lui fis grâce.

Mais le désespoir était entré dans mon âme et le jour même je quittai Munich, la laissant aux soins de Benjamin.

Je croyais haïr votre mère et je l'aimais toujours.

Je voyageai trois mois, puis je revins...

Hélas! ma pauvre Gretchen, à qui j'avais pardonné dans le fond de mon âme, était maintenant méconnaissable. Pâle, amaigrie, les yeux pleins de fièvre, elle se soutenait à peine.

Je fis venir un médecin et l'homme de science me déclara qu'elle était empoisonnée.

Malgré mes soins, et bien que j'eusse appelé à son chevet toutes les célébrités médicales de l'Europe, elle s'éteignit un soir en me maudissant, moi qui l'aimais, moi qui pleurais à chaudes larmes, car elle croyait que j'étais son meurtrier...

A ces derniers mots, deux grosses larmes jaillirent des yeux éteints du chevalier.

Aurore jeta un cri.

Quelle est la fille qui ne demande pas à croire à l'innocence de son père?

Le chevalier assurait que Gretchen était morte empoisonnée; mais il dénonçait Mme des Mazures comme l'unique coupable, mais il protestait de son innocence, au seuil de la tombe, mais il avouait que Gretchen était morte en le maudissant et l'accusant. N'était-ce pas sa justification?

Et la comtesse se jeta au cou de son père, l'arrosant de ses larmes et lui disant :

— Ah! je puis donc encore vous appeler mon père?

Le chevalier eut un moment de faiblesse si grande que ses yeux se fermèrent et que, frissonnante, Aurore crut qu'il allait mourir.

Pendant près d'une heure, il demeura sans voix, sans haleine, l'œil éteint, essayant de parler et ne pouvant y parvenir.

Seulement il attacha sur sa fille un regard suppliant et doux, et Aurore s'était jetée à genoux et elle demandait à Dieu la vie de son père.

Enfin un peu de force parut lui revenir.

— Aurore, dit-il, le premier enfant de Gretchen ne doit pas être mort, comme on l'a dit. Où est-il ? je l'ignore... mais il peut se retrouver... il faut l'aimer... je te le recommande... c'est l'enfant de ta mère...

Puis son regard se voila, ses lèvres remuèrent sans laisser échapper aucun son, et Aurore crut que tout était fini.

Il demeura jusqu'au soir en proie à une sorte de prostration qui paraissait être le commencement de l'agonie.

Aurore pleurait et priait.

Comme la nuit arrivait, il fit un violent effort et se souleva à demi.

— Aurore ! Aurore ! dit-il, tu retrouveras ta sœur, n'est-ce pas ? Tu l'aimeras... tu partageras ta fortune avec elle ?...

— Oui, mon père, répondit Aurore, et je sais où elle est... et je vais l'aller chercher... et, si vous devez mourir, vous ne mourrez pas sans lui avoir donné votre bénédiction...

Mais le chevalier ne paraissait plus entendre ce que sa fille lui disait, et bientôt il commença à délirer.

Alors Aurore crut fermement que son père allait rendre l'âme, et elle appela à son aide.

Les domestiques accoururent.

— Un prêtre ! un prêtre ! balbutiait le chevalier au milieu de son délire.

— Dom Jérôme ! s'écria Aurore, il faut aller chercher dom Jérôme !...

LI

L'ombre de la nuit enveloppait la forêt depuis longtemps; et le silence régnait autour du monastère de la Cour-Dieu.

Les moines, après le repas et la prière du soir,

avaient regagné leurs cellules et dormaient, attendant que la cloche des *Matines* se fît entendre.

Cependant un homme ne dormait pas, au milieu d'eux. C'était dom Jérôme.

Dom Jérôme avait passé la journée en prières, demandant de nouveau pardon à Dieu de prêter une dernière fois l'oreille aux bruits de la terre et d'abandonner un moment son service pour aller remplir un devoir humain.

Aurore, le matin, en quittant la Cour-Dieu, avait promis de revenir le lendemain, à la pointe du jour, se joindre au prieur, à Dagobert et à Jeanne, pour ce lointain voyage de Paris qu'ils allaient entreprendre. Aurore ne leur avait parlé ni de son père ni de Benjamin.

Mais, avant d'être moine, dom Jérôme avait connu les hommes, il avait longtemps vécu dans le monde, et il ne s'était que rarement trompé sur eux.

La voix sonore, le regard droit et plein de franchise de la jeune comtesse ne lui avaient laissé aucun doute.

Aurore était bien la fille de Gretchen, qu'elle rappelait par le son de sa voix, elle était bien la sœur aimante et dévouée de Jeanne, et c'était un auxiliaire que le ciel envoyait au viel abbé et au pauvre et loyal forgeron, pour les aider à remplir leur tâche.

Jeanne, brisée par les émotions et les fatigues de

la nuit précédente, s'était endormie en prononçant le nom d'Aurore.

Dagobert lui-même avait cédé au sommeil.

Un sommeil agité, fiévreux, plein de rêves étranges que traversait sans cesse Aurore, cette jeune fille que Dagobert haïssait instinctivement naguère et devant laquelle il avait été pris d'une mystérieuse émotion.

Cependant le forgeron dormait comme dorment ceux sur qui repose une grande responsabilité.

Il croyait bien n'avoir plus rien à craindre du chevalier de Valognes, qu'on avait, dans la journée, transporté, moribond, de la ferme de la Ravière au château de Beaurepaire ; mais le comte Lucien des Mazures se tiendrait-il pour battu ?

Dagobert s'était couché après avoir fermé solidement la porte et placé, comme une arme terrible, son marteau auprès de son lit.

Il s'était endormi, résolu à défendre Jeanne jusqu'à la mort, si quelque nouvelle tentative d'enlèvement avait lieu.

Or, depuis qu'il dormait, Aurore remplissait son rêve ; et bizarre mélange, rapprochement incohérent, il se souvenait de cette bohémienne qui, la veille au matin, lui avait dit la bonne aventure, lui annonçant qu'il serait noble, qu'il serait riche et porterait de beaux habits brodés d'or.

Et Toinon, la tsigane au manteau rouge, traversait

son rêve, et, lui prenant la main, mettait cette main dans la main d'Aurore.

En proie à ce songe étrange, Dagobert se tordait et s'agitait sur sa couche par cette nuit calme que troublait à peine le croassement des grenouilles dans les fossés qui entouraient le couvent.

Tout à coup cependant un autre bruit se fit, qui traversa l'espace et qui l'éveilla en sursaut.

En un clin d'œil, Dagobert, qui s'était couché tout vêtu, se trouva sur ses pieds.

Le bruit qu'il avait entendu était le galop d'un cheval sur la route sonore.

Dagobert saisit son marteau, courut à la fenêtre de la chambre et l'ouvrit.

Il était encore sous l'empire des visions qui avaient peuplé son cerveau, et il crut que c'était le comte des Mazures qui venait livrer assaut à la forge.

La nuit était noire; cependant Dagobert aperçut distinctement, grâce à cet œil exercé des gens qui vivent au milieu des bois, le cheval et le cavalier qui débouchaient par la route de Sully.

Un moment il crut que c'était un courrier qui s'en allait à Pithiviers.

Mais arrivé devant la forge, le cavalier s'arrêta.

— Qui êtes-vous? cria Dagobert, et que voulez-vous?

Une voix qui lui était inconnue répondit :

— Est-ce vous qui vous nommez Dagobert?

— Oui.

— Je viens du château de la Billardière.

— Que me voulez-vous ?

— C'est Mlle Aurore qui m'envoie.

A ce nom, Dagobert tressaillit et il eut un battement de cœur.

— Je suis le piqueur du château, continua le cavalier, et j'apporte un message pour le prieur-abbé. Mademoiselle m'a dit que si je sonnais inutilement à la porte du couvent, je n'avais qu'à m'adresser à vous et que vous me feriez ouvrir.

— Ce message est donc bien pressé? demanda Dagobert, que le nom d'Aurore troublait tout à coup.

— Oui, dit le piqueur.

— Eh bien, répondit Dagobert, attendez-moi un moment, je descends.

Il se procura de la lumière, laissa là son marteau désormais inutile, puisqu'il n'avait point affaire à un ennemi, et il descendit dans la forge dont il ouvrit la porte toute grande.

Le piqueur avait mis pied à terre, et il attachait son cheval après l'anneau de fer scellé dans le mur à l'extérieur.

Dagobert prit le message et dit au piqueur :

— Vous n'entreriez pas, vous; mais moi j'entrerai.

Et il alla sonner à la porte du couvent si rudement que le moine portier se leva tout d'une pièce.

Dagobert se nomma à travers le judas qui s'ouvrit dans la porte d'entrée.

Le portier ouvrit.

A travers le préau, il vit briller la petite lampe de dom Jérôme toujours en prière dans sa cellule, et sans répondre au moine qui était curieux et bavard de sa nature, et aurait bien voulu savoir ce que voulait le forgeron à pareille heure, il hâta le pas, entra sous les galeries ogivales du couvent et alla heurter à la porte du prieur-abbé.

Dom Jérôme ouvrit et prit la lettre que lui tendait Dagobert avec ces simples mots :

— De la part de la sœur de Jeanne.

Aurore écrivait :

« Monseigneur,

« Vous qui avez souffert, vous qui avez pardonné,
« vous à qui Dieu a donné le pouvoir de réconcilier
« avec lui les coupables, venez, venez sur-le-champ
« recevoir la confession de mon malheureux père
« qui va mourir.

« Aurore. »

Un nuage passa sur le front du vieillard.

Cet homme, qui allait mourir, c'était celui qui avait

épousé cette Gretchen, que lui, dom Jérôme, avait tant aimée!...

Mais l'homme avait fait place à l'abbé et l'abbé avait pardonné et ne devait plus avoir de passion.

— Dagobert, dit-il simplement, va me seller mon cheval, puis tu diras à l'homme qui t'a remis cette lettre que je suis prêt à le suivre.

. . . . , ...

Deux heures après, par cette nuit sombre et froide, le prieur-abbé de la Cour-Dieu était assis au chevet du chevalier des Mazures et recevait sa confession.

Le chevalier paraissait n'avoir attendu que l'arrivée de l'abbé pour rendre l'âme, en dépit des assertions du rebouteux d'Ingrannes, le père Jacob, qui était revenu et disait:

—Jamais mon remède n'a tué personne; je n'y comprends absolument rien.

La confession du mourant fut longue; quand elle fut finie, Aurore entra et vit dom Jérôme le visage inondé de larmes.

Dom Jérôme avait réconcilié le chevalier des Mazures avec Dieu, et le chevalier, joignant les mains, disait :

— Ah ! si le ciel pouvait m'accorder quelques heures de vie encore, je voudrais voir la fille de ma bien-aimée Gretchen.

Le prieur, en son âme austère et pieuse; la jeune

fille, en son cœur aimant et naïf, se trompèrent encore à ce dernier accent, qui paraissait être celui du plus ardent repentir.

Et dom Jérôme dit à Aurore :

— Venez avec moi, ne refusons pas à ce malheureux pécheur repentant la consolation suprême qu'il nous demande.

Venez, vous ramènerez Jeanne avec vous.

Et le prieur et la jeune fille partirent, et alors un rayon de joie infernale brilla dans les yeux, tout à l'heure éteints, du chevalier.

— Pauvres dupes ! s'écria-t-il avec un accent vibrant et sonore, je ne suis pas encore mort, et Jeanne, l'enfant du crime, et son immense fortune sont à moi !

. . . .

LII

Retournons, maintenant, au château de Beaurepaire.

Huit jours s'étaient écoulés depuis les derniers événements que nous racontions naguère, et les huit jours n'avaient apporté aucune modification à l'attitude que le jeune comte Lucien des Mazures avait prise vis-à-vis de sa mère.

Lucien avait fait transporter M. de Valognes au château.

Un honnête homme fût mort une heure après le coup de fusil de Benoît; mais les coquins ont la vie dure et M. de Valognes avait survécu.

Le lendemain, les médecins d'Orléans, qu'on avait fait venir, avaient extrait la balle qui n'avait intéressé aucun organe essentiel; deux jours plus tard, ils répondaient de la vie du blessé et assuraient qu'il serait sur pied avant un mois.

Bien que constamment au chevet de son ami, Lucien avait évité avec soin toute explication. Il s'était borné à lui dire qu'il ne retournait pas à la Cour-Dieu, et qu'il renonçait à Jeanne.

Pendant ces huit jours, Lucien avait constamment fui sa mère.

Cette dernière ayant osé lui envoyer Toinon, le jeune homme indigné avait chassé la bohémienne en la traitant d'empoisonneuse.

La colère de Lucien n'avait pas ému Toinon outre mesure.

Quant à la comtesse, après s'être montrée pleine d'épouvante et de douleur, car son fils paraissait complétement détaché d'elle, elle avait retrouvé bientôt ce calme machiavélique et ce sang-froid infernal qui l'avaient soutenue pendant sa criminelle existence.

Le jardinier avait été, sans le savoir, converti par oinon en espion.

On l'avait envoyé trois fois, sous différents prétextes, à la Billardière, et chaque fois il en avait apporté des nouvelles.

Une première fois, il avait annoncé que le chevalier était moribond, et qu'on s'attendait à le voir expirer dans la nuit.

Une deuxième, il était revenu, disant que le moribond ne mourait pas, et qu'il y avait une lueur d'espoir.

Enfin, au retour du dernier voyage, il raconta incidemment à Toinon que la demoiselle de la Cour-Dieu, la pupille de Dagobert, était installée à la Billardière auprès de Mlle Aurore.

Cette fois, Toinon et la comtesse avaient fini par comprendre.

— Ah! s'était écriée la comtesse, le chevalier est plus fort que nous, ma chère.

— Peuh! fit Toinon.

— Sa maladie n'était pas grave, et il a trompé tout le monde, à commencer par sa fille.

— Mais il ne nous trompe pas, nous, dit la bohémienne.

— Il nous trompe et nous joue, au contraire puisque la petite est chez lui, que l'abbé de la Cour-Dieu a reçu sa confession, et que, tandis que nous sommes des empoisonneuses, il est passé à l'état de saint.

Toinon haussa les épaules.

— Après tout, dit-elle qu'est-ce que cela nous fait?

— Comment ! malheureuse...

— Il a la fille, c'est vrai ; mais nous...

— Eh bien ?

— Nous avons la bague, et, par conséquent, l'argent.

— Nous ne le tenons pas encore, murmura la comtesse.

— Puisque nous savons où est la cassette.

— Oui... mais il faut aller à Paris.

— On ira.

Le calme de Toinon stupéfiait la comtesse.

— J'ai appris l'habitude d'avoir foi en toi, lui dit-elle ; néanmoins, je crains que tu ne t'illusionnes...

— Comment cela, Madame ?

— Puisque Dagobert avait cette bague au doigt et qu'il avait pris le soin de la noircir, c'est qu'il en connaissait la valeur.

— C'est probable.

— C'est qu'il avait connaissance du secret qu'elle renferme.

— Eh bien ?

— Qui te dit que Dagobert n'est point parti pour Paris ?

— Non, Madame. Je puis vous affirmer que ce matin encore il était à sa forge.

— Mais... dom Jérôme...

— Dom Jérôme n'a pas quitté son couvent, et je comprends pourquoi.

— Oh! fit la comtesse. Voyons.

— Le chevalier a si bien joué sa comédie que le vieux moine, le forgeron et Mlle Aurore ont pensé qu'il n'y avait pas péril en la demeure et qu'ils auraient toujours le temps d'aller à Paris.

Par conséquent, acheva Toinon, nous n'avons qu'une chose à faire, nous.

— Laquelle ?

— Les devancer et partir le plus tôt possible.

— Mais le pouvons-nous ?

— Qui peut nous en empêcher, Madame ?

— Mon fils.

— M. Lucien ne sait même pas que la cassette existe.

— Soit. Mais si je vais à Paris, il me suivra.

Un sourire vint aux lèvres de Toinon.

— Madame la comtesse, dit-elle, on se rouille à la campagne, et les plus belles intelligences, la vôtre, par exemple, perdent une partie de leurs facultés.

— Que veux-tu dire ?

— Je veux dire que j'ai deviné depuis longtemps

ce qui va se passer. Ce n'est pas M. Lucien qui nous suivra à Paris, c'est nous qui le suivrons.

— Je ne te comprends plus, dit la comtesse.

Toinon s'était familièrement étendue dans un fauteuil, en face de sa maîtresse, et elles causaient en ce moment comme de bonnes amies.

— Madame, dit-elle, vous plairait-il de m'écouter et suivre mon raisonnement ?

— Parle.

— M. Lucien et Mlle Aurore se sont vus.

— Bien.

— Celle-ci lui a appris que Jeanne était sa sœur, et que leur mère à toutes deux était morte empoisonnée par nous. Jusqu'à ce que je me sois donné la peine de détruire cette version et de faire passer une autre croyance dans l'esprit de votre fils...

— Tu le pourrais donc ! s'écria Mme des Mazures, qui avait encore quelque chose d'humain dans l'âme et se sentait terrassée par l'aversion que lui témoignait son fils ; tu pourrais cela ?

— Oui, Madame.

— Par quel moyen ?

— C'est mon secret.

— Mais fais-le donc, alors, fais-le tout de suite ! Tu ne sais donc pas tout ce que je souffre ?

— Je le sais ; mais nous avons besoin, maintenant, pour mener à bien nos petits projets, que

Lucien méprise sa mère et qu'il en ait horreur.

— Toinon, murmura la comtesse, tu as un calme qui m'épouvante.

Toinon sourit.

— Je n'ai pas fini, dit-elle.

— Eh bien! parle, je t'écoute, fit la comtesse résignée.

— Donc, Madame, poursuivit Toinon, M. Lucien informe depuis deux jours auprès des médecins du plus ou moins de danger qu'il pourrait y avoir à transporter M. de Valognes chez lui.

— Pourquoi?

— Ne le devinez-vous pas?

— Non.

— Quand M. de Valognes sera parti, M. Lucien quittera le château.

— Où ira-t-il donc?

— A Paris ou partout ailleurs, prendre du service dans l'armée ou solliciter un emploi à la mer.

— Tu crois?

— C'est une âme simple, M. Lucien; du moment qu'il croit sa mère coupable, il ne veut plus vivre avec elle.

— Et tu crois qu'il partira?

— Peut-être ce soir, peut-être demain.

— Oh! mon Dieu! fit la comtesse, qui cacha sa tête dans ses mains.

— Mais, Madame, dit Toinon, vous voyez bien que ce départ favorise nos projets.

— Comment ?

— M. Lucien part, vous courez après lui, c'est fort naturel, et le chevalier lui-même n'y trouve pas à redire. Nous allons à Paris, et là...

— Oh ! tais-toi, dit la comtesse, tu n'es pas une femme, tu es un démon !

Toinon salua ; le compliment lui était agréable.

En ce moment, on frappa discrètement à la porte.

La comtesse eut un battement de cœur ; elle crut que c'était son fils.

Elle se trompait. C'était la Branche, le piqueur de Lucien, qui apportait une lettre à Mme des Mazures.

La comtesse reconnut l'écriture de son fils et pâlit.

Puis, d'une main tremblante, elle brisa le cachet de l'enveloppe, tandis que Toinon faisait signe au piqueur de s'en aller.

Lucien écrivait :

« Ma mère.

« M. le chevalier de Valogues est, de l'avis des médecins, tout à fait hors de danger, et il peut être transporté chez lui, ce qui est son désir.

« M. de Valogues parti, vous trouverez convenable, n'est-ce pas, que je quitte cette maison, où je ne puis vivre désormais, et que je renonce à une fortune dont l'origine m'est inconnue.

« Tous ceux qui ont connu mon père m'ont affirmé que c'était un brave et loyal gentilhomme.

« Je crois avoir hérité de quelques-unes de ses vertus, et, grâce à elles, je ferai, je l'espère, mon chemin dans le monde.

« Adieu donc, ma mère, je pars ce soir pour Paris, où je trouverai certainement à vivre pauvrement, mais honorablement, et selon le rang que Dieu m'a assigné dans le monde.

« Votre fils.

« LUCIEN. »

— Il ne daigne même pas m'adresser un mot de reproche, murmura la comtesse en essuyant une larme.

Toinon haussa les épaules :

— Bah! dit-elle, tout s'arrangera. Il part, nous partons aussi.

. . . .

Le lendemain, en effet, la comtesse apprenait que Lucien avait furtivement quitté le château pendant la nuit.

— Eh bien! dit Toinon, à nous la cassette maintenant!

LIII

Transportons-nous à Paris maintenant.

Au fond de l'Orléanais, un pays de forêt, doux et calme, plein de l'ignorance de la vie des champs, les idées nouvelles avaient cependant pénétré.

La parole des philosophes prêchant contre l'ancien régime au profit d'un régime nouveau et encore inconnu, avait retenti jusque dans ces humbles villages d'Ingrannes, de Trainon et de Sully qui dressent leurs toits de chaume sur le bord de la forêt.

Nous avons entendu Jacques Brizou, le braconnier, professer des théories nouvelles à l'endroit des nobles ; nous avons vu Dagobert tenir tête au chevalier de Valognes et au comte Lucien des Mazures.

Mais toutes ces petites manifestations étaient pur enfantillage auprès de ce qui se passait à Paris.

Là commençait à souffler le premier vent de la Révolution, et, chaque soir, les rues pleines de monde retentissaient des plus étranges discours.

On s'assemblait un peu partout, on lisait les gazettes, on insultait de temps en temps un officier des gardes ; le *Tiers* relevait enfin la tête et disait que son heure était venue.

Mais il est écrit que, de tous temps, la bourgeoisie française aura ses hommes sublimes et ses grotesques.

Au moment même où les priviléges féodaux

étaient battus en brèche, où les philosophes proclamaient les droits de l'homme et l'égalité, Paris avait sa petite-bourgeoisie qui voulait se décrasser, et, alors qu'on était près de fouler aux pieds les parchemins, rêvait des lettres de noblesse.

Du nombre de ces bonnes gens qui s'étaient enrichis dans le commerce, aux environs de la rue aux Ours ou de la rue Saint-Denis, se trouvaient Mme Blaisot et son fils, retirés tous deux des affaires et propriétaires d'une maison rue de l'Abbaye-Saint-Germain-des-Prés.

Mme Blaisot était une femme de cinquante ans, qui avait fait sa fortune dans le commerce des laines.

M. César-Hippolyte-Alexandre Blaisot, son fils unique, avait trente-quatre ans, et sa jeune mère l'avait élevé dans de singulières idées.

Mme Blaisot était née de Vaucresson : fille d'un président qui s'était ruiné à acheter une savonette à vilain : elle avait été fort heureuse d'épouser le bonhomme Blaisot, qui avait des écus et était mort en laissant quelques cent mille écus en bonnes maisons sur le sol de Paris.

Mme Blaisot n'en avait pas moins été la plus malheureuse des femmes; fille de noblesse, comme elle disait, elle avait été séparée du monde de qualité, auquel elle appartenait.

Maintenant qu'elle avait cinquante ans et un embonpoint en harmonie avec sa fortune, Mme Blaisot avait fait un rêve : faire passer son nom de Vaucresson, par ordonnance royale, au fils du sieur Blaisot et lui trouver une héritière, sinon de beaucoup d'écus, au moins de beaucoup de parchemins.

Mme Blaisot, qui ne comprenait rien à tout ce qui se passait autour d'elle et se croyait toujours au plus haut temps de la monarchie absolue, caressait surtout ces idées de réhabilitation depuis certain jour où M. César-Hippolyte-Alexandre Blaisot, son héritier présomptif, avait eu le bonheur inespéré d'attirer l'attention de M. Vaugelin, le premier valet de chambre de M. de Maurepas, qui était premier ministre.

Un dimanche, M. Blaisot jouait aux quilles dans l'enclos de l'Abbaye.

M. Vaugelin vint à passer, prit un certain plaisir à suivre la partie, et tout émerveillé de l'adresse du jeune Blaisot, il lui demanda son nom.

Blaisot ajouta hardiment de *Vaucresson*, et M. de Vaugelin le salua familièrement et tout à fait comme un égal.

Depuis lors, Mme Blaisot de Vaucresson se mettait l'esprit à la torture pour trouver un moyen d'obtenir l'ordonnance royale, objet de sa convoitise.

Elle remua ciel et terre, s'adressa à des procureurs, à des abbés et même à un président qui était son petit cousin.

— Les procureurs lui demandaient le plus d'argent possible, les abbés parlaient de leurs pauvres; le président nia toute parenté avec elle.

Mme Blaisot ne manquait jamais d'aller passer son dimanche à Versailles, à la seule fin de se trouver sur le passage du roi s'il venait à sortir, et de crier *vive le roi !* à pleins poumons.

Le roi passait et ne faisait pas attention à Mme Blaisot, plus qu'aux deux ou trois mille badauds qui se pressaient sans cesse auprès des grilles du château.

Or donc, Mme Blaisot ayant élevé son fils dans de semblables idées, le jeune Blaisot n'était ni pour les philosophes ni pour tous ceux qui battaient en brèche le vieux système.

Au coin de la rue Jacob, *au café du Roi de Prusse*, où il se montrait tous les soirs, il était connu pour son ardent royalisme.

Partout, dans le quartier, on avait coutume de dire : Si tout le monde aimait le roi comme la mère Blaisot et son grand dadais de fils, messieurs les beaux esprit n'auraient pas le beau rôle.

Avec tout cela, l'ordonnance royale n'arrivait point, faute d'un protecteur assez haut placé, et l'héritière de grande maison que rêvait l'ancienne marchande de vin pour son fils demeurait invisible, au point qu'on pouvait croire qu'elle n'avait jamais existé,

La maison possédée et habitée par Mme Blaisot et son fils était située vers le milieu de la rue, à peu près en face d'un vieil hôtel qui, depuis quinze ans, avait changé quatre ou cinq fois de maîtres, disait-on, mais qui n'avait jamais été habitée par aucun.

Cet hôtel, qui avait appartenu à une princesse allemande, puis un gentilhomme français, était maintenant, disait-on, la propriété d'une grande dame qui ne venait jamais à Paris et vivait dans ses terres toute l'année.

Souvent, le matin en ouvrant sa fenêtre, le jeune Blaisot laissait errer un mélancolique regard sur le vaste jardin de l'hôtel qu'il apercevait de l'autre côté de la rue, sur l'écusson armorié qui surmontait la porte d'entrée.

Le jeune Blaisot se surprenait quelquefois à soupirer, et il trouvait que la maison de madame sa mère avait bien piteuse mine auprès de cette demeure aristocratique.

Puis, comme il ne manquait pas absolument d'imagination, il s'était souvent abandonné à un rêve bizarre.

La châtelaine viendrait peut-être quelque jour à Paris, elle apercevrait son voisin.

C'était peut-être une femme jeune encore, une veuve appétissante et dans l'âge des grandes passions.

Quand il songeait à cela, César-Hippolyte-

Alexandre Blaisot avait des battements de cœur, et il se regardait avec complaisance dans une glace.

Or un matin, comme il ouvrait sa fenêtre, Blaisot devint tout pâle d'émotion et ses jambes fléchirent à demi. Au beau milieu de la cour d'honneur de l'hôtel, il y avait une chaise de poste, une de ces vieilles et massives voitures de voyage, crottées jusqu'au moyeu des roues, et que trois vigoureux percherons traînent bruyamment sur le pavé des grandes routes.

Le rêve, bizarre et vague jusque-là, allait-il donc se réaliser ?

Il passa sa matinée à la fenêtre.

Jusqu'à six heures, rien ne bougea. Enfin, une fenêtre s'ouvrit et César fit un pas en arrière.

La fenêtre ouverte encadrait une créature d'un brun presque noir, avec des yeux ardents, des cheveux crépus, un corps horriblement contrefait.

Était-ce donc là, en vérité, la châtelaine rêvée par le naïf aspirant au nom glorieux de Vaucresson ?

Mais cette première émotion passée, César se rendit bien compte que cette femme était mise comme une servante, et non point vêtue comme une femme de qualité.

César se résigna et attendit encore.

Du moment où il apercevait une servante, c'est qu'il y avait une maîtresse, et cette maîtresse, finirait bien par se montrer. En effet, vers midi, une autre fenêtre s'ouvrit.

César Blaisot recula ébloui.

Une personne qui lui parut belle comme les anges, bien qu'elle fût peut-être âgée de plus quarante ans déjà, se montra en élégant *déshabillé* du matin, les cheveux au vent, et d'adorables mains nues qu'elles posa sur l'appui de la croisée.

Le rêve de César prenait des proportions réellement merveilleuses.

Il n'était plus besoin, pour que ce rêve devînt une réalité, que de deux choses :

D'abord que sa figure plût à la belle dame, ensuite que la belle dame fût veuve.

Mais un homme élevé dans l'espérance de s'appeler un jour du beau nom de Vaucresson, n'était pas un ignorant.

Tous les romans du temps peuplaient la cervelle du jeune Blaisot, et ces romans étaient pleins de jeunes et beaux cavaliers qui séduisaient à première vue des femmes belles comme le jour.

Enfin, chose remarquable, ces femmes étaient toutes veuves. Par conséquent, Blaisot, qui se trouvait le plus beau jeune homme du quartier, était parfaitement tranquille.

La belle inconnue ne resta pas longtemps à la

fenêtre. Sans doute elle trouva l'air du matin un peu vif, et bientôt Blaisot la vit disparaitre.

Alors il courut rejoindre sa mère, et, lui sautant au cou :

— Ah ! ma mère, lui dit-il, j'ai le pressentiment que nous sommes appelés aux plus hautes destinées !...

— Cela ne m'étonne pas, répondit la bonne femme, tu as un air de fils de prince et tu es tout le portrait de nos nobles aïeux, les sires de Vaucresson !

LIV

On a déjà deviné que cette femme assez belle encore, que le jeune et enthousiaste César Blaisot avait aperçue à une des fenêtres du vieil hôtel, n'était autre que la mère de Lucien, la comtesse des Mazures, qui était arrivée à Paris la nuit même, en compagnie de Toinon.

Le motif apparent du voyage de la comtesse était le départ précipité de son fils.

Au château de Beaurepaire, on avait pu constater la douleur de la mère, redemandant son fils à tous les échos. Et comme elles montaient toutes deux en chaise de poste, Toinon n'avait pu se défendre de cette réflexion :

9.

— L'essentiel est que le chevalier des Mazures croie que vous courez après votre fils.

Le motif sérieux, le vrai, c'était la recherche de cette cassette dont le papier trouvé dans la bague de Dagobert indiquait l'existence.

Aussi la comtesse et sa complice avaient-elle voyagé nuit et jour, et s'étaient-elles arrangées de façon à entrer dans Paris à une heure assez avancée de la nuit.

Le vieil hôtel, celui-là même où Gretchen avait mis Jeanne au monde, que la princesse de Carlottembourg, avait longtemps habité, faisait partie de la succession de cette dernière.

Le chevalier et la comtesse qui héritaient au même degré, avaient d'abord songé à le vendre ; puis le premier avait manifesté l'intention de le garder.

Six mois plus tard, l'orsqu'il eut tout remué inutilement dans l'hôtel et le jardin avec l'espoir toujours déçu de retrouver la casette, il le mit en vente.

Alors Mme des Mazures l'avait racheté ; mais il y avait bien quinze ans qu'elle n'était venue à Paris, et les deux vieux concierges, qui gardaient l'hôtel, furent tout étonnés, cette nuit-là, d'entendre résonner la cloche, d'avoir à ouvrir les deux battants de la porte cochère, et de voir entrer dans la cour une lourde berline de voyage, attelée de chevaux de poste et chargée de bagages.

La comtesse s'était mise au lit en disant à Toinon :

— A demain, les affaires sérieuses.

Le lendemain, en effet, après un long et pesant sommeil, résultat de la fatigue du voyage, la comtesse, en ouvrant les yeux, vit Toinon assise à son chevet.

Toinon lui dit :

— Madame, je suis déjà sortie ce matin.

— Où es-tu allée?

— Savoir des nouvelles de M. Lucien.

— Et tu en as eu? dit vivement la comtesse.

— Oui, madame, fit Toinon en souriant, mais, pour Dieu, calmez votre amour maternel, pour le moment, et ne songez qu'à la cassette.

— Soit, fit la comtesse en rougissant, mais dis-moi comment tu as eu...

— Des nouvelles de M. Lucien?

— Oui.

— C'est bien simple, dit Toinon. Chaque province a pour ainsi dire son hôtellerie à Paris : les Bourguignons descendent à la *Croix-du-Trahoir*, rue de *l'arbre sec ;* les Champenois rue de la Jussienne, à l'*Ecu-de-Champagne ;* les Orléanais, gens économes et ayant horreur du train et du luxe, s'en vont modestement au *Gagne-Petit*, une gargotte qui se trouve rue des Deux-Écus.

Dans le pays que nous quittons, on ne parle que du *Gagne-Petit*.

J'ai donc pensé que M. Lucien s'en irait descendre là. C'est ce qui est arrivé.

— Il y est! s'écria la comtesse.

— Plus maintenant. Il est parti pour Versailles, où nous le retrouverons quand nous voudrons.

— Ah! Toinon dit la comtesse, on voit bien que tu n'es pas mère.

— Peuh! fit la bohémienne, je l'eusse été à mes heures, mais voilà tout. Maintenant, parlons du vrai but de notre voyage, madame.

— Va, dit la comtesse qui glissa hors de son lit et s'enveloppa dans ce joli *déshabillé* du matin qui allait tourner la tête au jeune César-Hippolyte-Alexandre Blaisot.

— Eh bien! madame, dit Toinon, nous sommes venues pour la cassette, et il faut la trouver.

— Ce qui est très facile au premier abord, et très difficile quand on y réfléchit, dit Mme des Mazures.

— Mais non, fit Toinon.

— Voyons raisonnons, dit la comtesse; si précises que soient les indications que donne Raoul de Maurelière à son ami dom Jérôme, elles ne nous apprennent qu'une chose, c'est que la maison dont il est question est située dans la rue de l'Abbaye, où nous sommes.

— Oui, certes.

— Mais quelle est cette maison?

— Voilà ce que ni vous, ni moi ne savions hier soir, dit Toinon.

— Et ce que nous ignorons aujurd'hui...

— Oh! plus moi, dit Toinon.

— Plaît-il? fit Mme des Mazures.

— La mémoire se rouille, reprit la bohémienne; mais elle finit par revenir.

— Oh!

— Comment, madame, vous ne vous souvenez pas que tandis que Gretchen était ici, les deux officiers demeuraient juste en face?

— Mais il y a deux maisons pour une en face de l'hôtel. Laquelle est-ce?

— Celle de droite.

— Bon! mais à quel étage demeuraient-ils?

— Au deuxième. Leur chambre n'avait qu'une fenêtre.

— Quelle est cette fenêtre?

— Je le saurai bientôt.

— Soit, mais il ne suffit pas de voir la fenêtre, il faut pénétrer dans la chambre, et pour cela il faut avoir accès dans la maison.

— Rien ne sera plus facile, dit Toinon, avec assurance.

— Explique-toi.

— Ce matin, reprit la bohémienne, tandis que vous dormiez encore, madame, j'ai pris mes petites informations. La femme du suisse est une gazette vivante, et je n'ai pas eu besoin de la pousser beaucoup pour obtenir l'histoire de notre voisinage.

La maison où git le trésor que nous cherchons, a été longtemps une manière d'hôtellerie, où les officiers trouvaient un logis.

Puis cette maison a été vendue, et c'est Mme Blaisot qui l'a achetée.

— Qu'est-ce que Mme Blaisot? demanda la comtesse en allongeant dédaigneusement la lèvre inférieure.

— Une bourgeoise qui voudrait avoir son fils anobli.

— Eh bien?

— Et qui, pour ce fait, recherche tous les gens de qualité. Je ne demande pas vingt-quatre heures pour qu'elle vous fasse visite, sous un prétexte ou sous un autre.

La comtesse ouvrit la croisée et s'y accouda, tandis que Toinon demeurait assise dans un coin de la chambre.

César Blaisot était à sa fenêtre.

La comtesse le regarda avec curiosité.

— Madame, dit Toinon, c'est lui.

— Qui, lui? fit la comtesse, qui ferma la fenêtre et revint près de Toinon.

— Le fils de Mme Blaisot.

— Ah! vraiment?

— Et tenez, dit Toinon, il me vient un souvenir.

— Lequel?

— C'est dans cette chambre que Gretchen est accouchée.

— En effet.

— Or, continua la bohémienne, je me rappelle que, pendant sa convalescence, les médecins avaient ordonné qu'on laissât pénétrer le grand air dans la chambre. On ouvrait donc la fenêtre toute grande et je me rappelle fort bien, à présent, avoir vu M. de Maurelière abrité derrière les rideaux de cette autre fenêtre qui est juste en face de nous.

— Par conséquent ce serait là?

— Oui.

— Où est ce jeune homme.

— Précisément.

Un sourire passa sur les lèvres de la comtesse.

— Si j'avais vingt ans de moins, dit-elle, le moyen de pénétrer dans la maison serait tout trouvé.

— Madame, répondit Toinon, il est des femmes que le temps laisse éternellement jeunes. Regardez-vous donc dans cette glace ; vous êtes belle comme à vingt ans.

— Oh! fit la comtesse d'un air de doute.

— Je ne demande que vingt-quatre heures pour que ce jeune homme soit amoureux fou de vous.

— En vérité, Toinon.

— Et tenez, madame, acheva la bohémienne, quand nous aurons la cassette et les trésors qu'elle renferme, pour peu que M. Lucien se montre dédaigneux à notre endroit, je crois que vous ferez bien de ne pas retourner à Beaurepaire...

— Et puis ?

— Et de vous montrer à Versailles. Vous serez de la cour quand vous voudrez.

— A quoi bon ?

— Et s'il vous plaît de changer de titre et de vous appeler duchesse et maréchale...

— Toinon, dit la comtesse dont le génie infernal se réveillait peu à peu, vraiment, tu me trouves encore belle ?

— Splendide, madame.

— Eh bien, tu as raison, et je le serai plus encore si je le veux. Tu as raison, Toinon, un fils qui rougit de sa mère est un ingrat. J'ai travaillé vingt ans dans l'ombre pour le faire riche, il me fuit, il a horreur de moi. Eh bien ! je demanderai à la fortune et au plaisir des compensations ; je veux redevenir belle, je veux être aimée encore !...

Et la comtesse jeta un regard complaisant sur la grande psyché placée en face de son lit.

Puis elle ajouta :

— Mais, avant d'aller à Versailles, il me faut la

cassette, Toinon, et pour cela il faut que je commence par tourner la tête de ce naïf imbécile qui me contemplait tout à l'heure.

LV

Cependant, le rêve de M. César Blaisot ne devait pas être entièrement couleur de rose et les choses ne devaient pas aller complétement sur des roulettes, comme il l'avait supposé d'abord.

Il eut beau se remettre vingt fois à la fenêtre ce même jour-là, il ne revit pas la belle inconnue.

Le soir, il n'alla point au café du *Roi de Prusse*, selon son habitude, et demeura derrière les persiennes de sa croisée.

Il ne vit pas de lumière dans l'hôtel. Cependant la chaise de poste était toujours dans la cour.

Donc la belle dame n'était point repartie.

Il supposa qu'elle dînait en ville et qu'elle rentrerait dans la soirée.

Mais, à deux heures du matin, le jeune Blaisot, n'étant pas plus avancé, finit par se mettre au lit et, en dépit du proverbe qui dit que l'amour empêche de dormir, il ronfla jusqu'à neuf heures du matin.

Alors il se leva et retourna à la croisée,

Une nouvelle déception l'attendait; la berline de voyage n'était plus dans la cour.

César Blaisot sentait sa chevelure se hérisser; la belle inconnue était peut-être repartie. Il alla, tout ému, se jeter dans les bras de sa mère.

La bonne femme était assise devant un grand bol de café au lait : elle avait auprès d'elle une perruche qui parlait à ravir et criait de minute en minute: *Vive le roi!* et, sous son bras gauche, une lettre toute dépliée que la poste lui avait fait tenir le matin même.

Elle écouta les doléances de César avec un calme qui étonna le jeune homme.

— Eh bien ! mon garçon, lui dit-elle, si ce n'est pas celle-ci, ce sera une autre... le monde est plein de jolies femmes qui demandent à tomber amoureuses de toi. Maintenant, console-toi, car j'ai une une bonne nouvelle à te donner.

— Ah ! fit César, étonné de plus en plus.

— Et si tu n'obtiens pas le droit de t'appeler de Vaucresson, peut-être pourrai-je, moi, te trouver un autre nom, tout aussi beau, et qui t'appartiendra en dépit de tous, même du roi.

Le jeune Blaisot était stupéfait, et il crut que sa mère était folle.

Mme Blaisot souriait,

— Ecoute, dit-elle, je te vais conter une histoire [qui] remonte à vingt ans.

Comme le perroquet continuait à crier : Vive le [roi] d'une façon assourdissante, la bonne femme [im]patientée le remit sur son perchoir et porta le [per]choir dans la pièce voisine.

Puis elle revint s'asseoir auprès de son fils.

— Il y a vingt ans, dit-elle alors, ton père était [enc]ore dans le commerce et nous habitions la rue [Sai]nt-Denis. Cependant cette maison nous appar[ten]ait et nous l'avions achetée récemment. Le rez-[de]-chaussée était loué à un chaudronnier, le pre[mi]er étage à un procureur. Le second était divisé [en] petits appartements qu'on louait tout meublés à [de]s officiers, des mousquetaires ou des gardes du [cor]ps.

— Ma parole d'honneur, ma mère, dit le jeune [nig]aisot, dans le cerveau de qui trottait toujours la [da]me de l'hôtel voisin, si je sais où vous en voulez [ve]nir, je veux être pendu.

— Attends. Parmi ces gens d'épée que nous lo[gio]ns, il en était un que je n'ai jamais pu voir d'un [œi]l indifférent.

Dieu m'est témoin, poursuivit la bonne femme [av]ec un soupir, que je suis une honnête femme et [qu]e j'ai toujours été fidèle à feu ton père ; mais je [ne] puis oublier cependant ce jeune et beau gentilhomme un peu triste qui semblait comprendre tout ce que souffrait une fille de noblesse comme moi d'être mariée à un bonnetier.

— Ma mère!

— Ah! dame! reprit-elle, quand je songe que je me suis appelée de Vaucresson et que je m'appelle Blaisot.

— Ma mère, dit César, je vous en prie, revenons au bel officier dont vous parliez.

— Ce gentilhomme, continua Mme Blaisot, est demeuré cinq ou six ans au moins dans notre maison, et il occupait précisément la chambre ou tu couches maintenant.

Cette chambre lui rappelle de doux souvenirs de jeunesse, à ce qu'il paraît, puisque, au bout de vingt ans, il a fait le rêve d'y revenir.

Le pauvre cher homme croit que nous sommes toujours rue Saint-Denis, et c'est là qu'il m'a écrit.

— Ah! il vous a écrit?

— Oui.

— Quand cela?

— J'ai reçu cette lettre ce matin.

— Tiens! elle est datée du Havre-de-Grâce, dit César en regardant la suscription.

— Lis-la donc, fit Mme Blaisot en clignant de l'œil.

César ouvrit cette lettre et lut à demi-voix,

« Ma chère dame,

J'ai touché, il y a une heure, la terre de France
j'ai quittée depuis quinze ans. Je reviens de
la guerre en Amérique, et je ne me suis pas
chi. Mon épée est le seul bien que je rapporte.
Le roi me fera une petite pension, et comme
goûts sont modestes, elle suffira à mes besoins.
Je suppose que vous avez continué à louer toutes
blées des chambres aux officiers.
Je serais bien heureux de ravoir la mienne. J'y
ssé les bonnes heures de ma jeunesse, et cette
rue de l'Abbaye est si tranquille que j'y vou-
s finir mes jours.
Je viens donc vous prier, ma chère dame, de
onserver et de me faire préparer ma chambre
à quelques jours.
Un compagnon d'armes, qui est Normand et
nt avec moi d'Amérique, insiste beaucoup pour
mmener chez son frère, qui a un château à trois
s d'ici. Je m'y reposerai une semaine, et je
à Paris dans dix jours.
Je vous baise les mains.

« RAOUL DE MAURELIÈRE. »

adresse était ainsi formulée :

A Madame Blaisot, née de Vaucresson.

Cette lettre lue, César regarda sa mère.

— Eh bien! dit-il, je suppose, que vous allez répondre à ce brave officier, que vous êtes retirée des affaires, que vous habitez votre maison de la rue de l'Abbaye, et que vous ne louez plus de chambre garnies.

— Rien de tout cela, mon enfant.

— Ah!

— Je compte préparer la chambre au contraire, et remettre les vieux meubles qui s'y trouvaient.

— Quelle folie!

— M. de Maurelière revient dans dix jours.

— Bon!

— Il revient ici et je le reçois à bras ouverts.

— Mais...

— Je lui offre de prendre pension chez nous... Il est pauvre, nous sommes riches... il doit être bien vieux, et la perspective d'une famille le séduira.

— Comment! une famille?

— M. de Maurelière sait bien, comme tu peux le voir par l'adresse de sa lettre, que je suis née de Vaucresson. Le sieur Blaisot, ton père, est mort, et je suis veuve et riche. Je lui offre ma main...

— A M. de Maurelière?

— Sans doute, il l'accepte, et en m'épousant, il t'adopte. Te voilà, non plus Blaisot, mais de Maurelière. Hein! qu'en dis-tu?

— Reste à savoir s'il voudra vous épouser...

— Hé! hé! fit Mme Blaisot avec un petit sourire piteux, il serait bien difficile s'il refusait.

. . . .

Les espérances manifestées par la bonne Mme Blai[sot] n'avaient point consolé son fils de la disparition [de] la belle inconnue.

Il se remit à la fenêtre tout le reste de la journée; [ma]is les croisées de l'hôtel demeurèrent closes.

Alors, le soir venu, il s'en alla rue Jacob, au café [du] *Roi de Prusse*, et chercha des distractions dans le [jeu] de dominos, depuis neuf heures jusqu'à minuit.

À minuit, il s'en revint tout pensif par la rue [Sa]int-Germain-des-Prés.

Mais comme il entrait dans celle de l'Abbaye, il [tre]ssaillit tout à coup.

L'hôtel était éclairé.

Une lumière brillait derrière les rideaux de cette [fen]être où, la veille au matin, la comtesse des Ma-[rè]res lui était apparue...

Or, César, le cœur palpitant, planté sur ses deux [pie]ds, demeura au milieu de la rue, les yeux fixés sur [cet]te fenêtre.

La rue était déserte, du reste, et les bons bour-[geo]is qui l'habitaient étaient couchés depuis long-[tem]ps.

César se mit à se promener sous cette fenêtre, derrière les rideaux de laquelle passait de temps en temps une ombre légère.

C'était, ce devait être elle !

Et, tout à coup, tandis qu'il était absorbé dans cette contemplation, un pas furtif se fit entendre derrière lui et une main se posa sur son épaule.

César se retourna.

Une femme était devant lui, et, dans cette femme il reconnut la bohémienne, qu'il avait aperçue d'abord, la veille, à une des croisées de l'hôtel.

La bohémienne souriait d'un air diabolique.

— Jeune homme, dit-elle, vous êtes amoureux.

César rougit jusqu'au blanc des yeux et balbutia quelques mots inintelligibles.

— Etes-vous discret? reprit Toinon.

— Certainement, répondit César, qui s'enhardit.

— Eh bien, rentrez chez vous et dormez. Demain, continua la bohémienne, vous vous rendrez, comme à l'ordinaire, au café que vous fréquentez, rue Jacob.

— Après?

— Vous y trouverez une lettre, et si vous vous conformez scrupuleusement à ce qu'on vous recommandera dans ce message, vous ne serez pas un homme très-malheureux...

Et la bohémienne salua César de la main, s'approcha de la petite porte de l'hôtel, qui s'ouvrit et se referma sur elle sans bruit.

LVI

Le jeune César Blaisot avait le paradis dans le cœur.

Il rentra chez lui, et sa joie était telle, que, s'il ne s'était souvenu des recommandations de la bohémienne, qui lui prescrivait la discrétion, il eût certainement éveillé sa bonne femme de mère pour lui conter son aventure.

Quand il fut dans sa chambre, il courut à la croisée.

Mais la fenêtre où tout à l'heure brillait une lumière était rentrée dans l'obscurité.

— Elle vient de se mettre au lit, et elle pense à moi, se dit César Blaisot qui n'était pas fat à demi.

La nuit est féconde en bons conseils.

Notre héros ne s'endormit qu'après avoir fait tous ses plans.

Évidemment, pensait-il, la dame de l'hôtel était folle de lui; il était à peu près certain qu'elle était veuve, et, pour peu qu'il sût s'y prendre, il l'épouserait dans les trois mois.

César-Alexandre Blaisot avait lu cent volumes de romans, et pas un qui ne finît par le triomphe complet de l'amant ou des amants.

Il se mit donc à repasser dans sa mémoire les plus touchants, les plus dramatiques, ceux qui l'avaient le plus vivement intéressé ; mais, dans tous, il se rappela un traître, un tyran, ou tout au moins un de ces personnages qui s'opposent de parti pris au bonheur d'autrui, jusqu'au dernier chapitre, dans lequel ils sont confondus, démasqués et châtiés comme ils le méritent.

Cette absence même de l'obstacle fit réfléchir et inquiéta le jeune Blaisot.

Les choses allaient trop sur des roulettes, l'aventure paraissait trop facile.

César Blaisot se mit donc l'esprit à la torture et se demanda si en cherchant bien il ne trouverait pas quelqu'un que son bonheur futur chagrinerait et qui, par conséquent, tâcherait de l'entraver dans ses projets.

Tout à coup, une lueur se fit dans son esprit.

Le traître de mélodrame était trouvé.

C'était ce vieil officier, qui revenait pauvre d'Amérique, à qui l'orgueilleuse Mme Blaisot, née de Vaucresson, rêvait d'offrir sa main, et qui ne manquerait pas de faire mille misères à son futur beau-fils.

L'amour a toujours une haine quelconque pour conséquence.

César aimait la comtesse des Mazures, qu'il avait

entrevue de l'autre côté de la rue, et dont il n'avait pas même entendu la voix ; il se prit à haïr ce pauvre vieil homme, las de trente ans de guerre, qu'il n'avait jamais vu, et qui revenait mourir sur le sol natal.

Mais, en dépit de ses lectures et de son imagination fort exaltée, le fils de Mme Blaisot, née de Vaucresson, était un garçon assez rougeaud, assez sanguin, pour ne pas perdre le sommeil et l'appétit.

Il finit donc par s'endormir et ne rêva nullement, ce qui était assez honteux.

Mais il y a des amoureux qui dorment sans rêver.

Le lendemain, en quittant son lit, son premier soin fut de courir à sa fenêtre.

Celle de la belle dame était close ; en revanche, une autre était ouverte à l'étage au-dessus, et, à cette fenêtre, César apperçut, avec un battement de cœur, la bohémienne, qui avait les yeux fixés sur lui.

Il la salua.

Pour toute réponse, Toinon mit un doigt sur ses lèvres et disparut.

César s'habilla et sortit.

Avant d'être amoureux d'autre chose que du beau nom de Vaucresson, le jeune César allait deux fois par jour au café du *Roi de Prusse* ; le matin, pour y lire le *Mercure de France* et les deux ou trois gazettes qui existaient alors ; le soir pour jouer aux dominos.

Comme il était près de dix heures, César impatient de tenir cette lettre que la bohémienne lui avait annoncée, sortit en toute hâte et prit le chemin de la rue Jacob. Le café était désert.

La vieille dame qui se trouvait au comptoir, salua César comme elle avait l'habitude de le faire, et son visage n'exprima rien d'extraordinaire ou de mystérieux.

— La lettre n'est point arrivée encore, pensa-t-il.

Il lut quatre fois de suite le *Mercure de France* et ne s'en alla qu'à midi.

Mme Blaisot était tout entière à sa joie ; elle avait fait, elle aussi, ses petits propos et s'était tenu le raisonnement suivant :

M. de Maurelière, étant au service, ne portait pas de titre, selon l'usage ; mais il doit en avoir un ; il est pour le moins comte ou marquis.

Donc, je serai comtesse et peut-être bien marquise, ce qui sera pour les Vaucresson une fière revanche et me fera joliment pardonner les Blaisot.

César se mit à table, bien décidé à tenir sa promesse et à être discret.

La bonne femme s'était juré également de concentrer toutes ses espérances en elle-même et de ne plus s'en ouvrir à son fils.

Cela fit que le repas fut silencieux entre le fils et la mère, et qu'ils se séparèrent presque aussitôt après.

César-Alexandre retourna au café du *Roi de Prusse*.

Il n'y avait rien encore pour lui, et la vieille dame du comptoir ne leva pas les yeux quand il entra.

Les habitués arrivaient les uns après les autres; plusieurs proposèrent à César la partie de dominos habituelle; mais César était plongé dans une cinquième lecture du *Mercure de France*.

De minute en minute, il tournait les yeux vers la porte; il lui semblait toujours qu'un page, un varlet, un homme d'armes quelconque, ainsi que cela se pratiquait dans les romans, allait venir, le fameux message au poing.

Mais César fut encore déçu. Il n'aperçut pas le moindre pourpoint bigarré.

Enfin, vers cinq heures, comme il perdait tout à fait patience et se demandait s'il n'avait pas été mystifié par la bohémienne, la porte s'ouvrit et le facteur de la poste entra.

Il s'en alla droit au comptoir et jeta une lettre sous les yeux de la vieille dame, en réclamant douze sous pour le port.

— Hé! monsieur Blaisot, dit celle-ci, c'est pour vous.

César se leva avec un tel empressement qu'il renversa la table qu'il avait devant lui.

Les habitués se montrèrent fort étonnés qu'il se fît adresser une lettre au café.

— Hé! farceur, dit l'un d'eux, nous avons donc peur que maman Blaisot décachète nos lettres?

César regarda de travers le mauvais plaisant, donna douze sous au facteur, prit la lettre et sortit brusquement et sans dire un mot.

Son cœur battait à outrance, et il était aussi rouge qu'une pivoine.

Il s'éloigna du café à grands pas et remonta la rue Saint-Germain-des-Prés :

Là, il ouvrit la lettre, qui était ainsi conçue :

« C'est moi, la femme noire, qui vous écris. Ma maîtresse est une grande dame et elle a ses caprices. Elle vous a vu; elle vous trouve charmant; elle veut vous le dire. Mais où? mais comment?

« Bien qu'elle soit veuve et maîtresse de ses actions, elle ne peut se soustraire à de certaines tyranies.

« Son hôtel n'a qu'une porte, et toute la nuit le suisse est sur pied.

« Madame la comtesse ne voudrait, pour rien au monde, se mettre à la discrétion de ses gens.

« J'ai pris adroitement des renseignements dans

le quartier, desquels il résulte que votre mère se couche à dix heures et qu'elle a le sommeil très dur, qu'elle habite le premier étage de votre maison et que vous occupez le second; que vous avez une clé à l'aide de laquelle vous rentrez souvent fort tard, et que les deux servantes, qui composent le domestique de votre mère, couchent à l'étage supérieur et se retirent également de bonne heure. Si vous êtes un galant homme, si on peut, comme nous le croyons, se fier à votre honneur et à votre discrétion, vous accepterez ce que je vais vous proposer.

« Vous vous rendrez au Palais-Royal, chez le sieur Bardeau, le traiteur à la mode, et vous lui commanderez un souper fin et de vieux vins, lui enjoignant de vous porter le tout à onze heures.

« Vous ferez, avec le moins de bruit possible, dresser la table dans votre chambre et vous attendrez..

« A minuit, une voiture tournera le coin de la rue. Ce sera Mme la comtesse qui sera sortie pour dîner en ville. La voiture s'arrêtera à votre porte, et vous viendrez ouvrir...

» Celle qui vous a frappé hier soir
sur l'épaule et a recommandé
la discrétion. »

Cette lettre ne remplissait pas tout à fait le programme de César.

Il avait rêvé mariage, et on lui répondait *caprice.*

Mais enfin, à tout prendre, c'était encore une charmante aventure que souper en tête-à-tête avec une jolie femme, et une femme de qualité.

César se conforma donc scrupuleusement aux prescriptions contenues dans la lettre; il attendit que sa mère et les servantes fussent couchées, s'en alla chez Bardeau, commanda le souper fin et le fit transporter dans sa chambre.

Puis, le garçon du traiteur parti, il se mit à sa fenêtre et attendit.

Comme minuit sonnait à Saint-Germain-des-Prés un bruit de roues se fit entendre, et un de ces carrosses de louage auxquels on donnait le nom de pots de chambre, apparut en tournant de la rue de l'Abbaye...

La bonne dame Blaisot dormait d'un profond sommeil et rêvait qu'elle devenait marquise.

LVII

Le jeune Blaisot sentit son cœur battre violemment, et ce fut presque en chancelant qu'il descendit l'escalier, une lampe à la main, pour recevoir sa belle visiteuse.

Le carrosse s'était arrêté à la porte de la maison,

et, comme César Blaisot ouvrait la porte sans bruit, deux femmes en descendirent, la comtesse et son indispensable chambrière, la bohémienne Toinon.

La vue de cette dernière jeta un grand trouble dans l'esprit déjà bouleversé du jeune Blaisot.

Il avait cru à un tête-à-tête et non à un souper à trois.

La comtesse était encapuchonnée jusqu'au menton, dans une ample pelisse taillée en robe de moine.

Blaisot la devina plutôt qu'il ne la reconnut.

Mais, en revanche, et comme la comtesse appuyait sur son bras une main tremblante d'émotion, — car elle n'était pas comédienne à demi, — il reconnut parfaitement la bohémienne qui lui dit :

—Vous le voyez, nous tenons parole.

— Chut! dit la comtesse qui paraissait de plus en plus émue.

Le pot de chambre était payé, sans doute, car le cocher tourna brides et s'en alla.

Alors la comtesse souffla sur la lampe de César Blaisot, et le corridor dans lequel elle entra vivement, se trouva plongé dans les ténèbres.

— Oh! j'ai peur... dit-elle avec l'accent d'une pensionnaire allant pour la première fois à un rendez-vous d'amour.

Puis, serrant le bras de César :

— Conduisez-moi, dit-elle, j'aime encore mieux marcher dans l'obscurité.

Toinon, qui semblait douée de la faculté des bêtes félines, qui y voient pendant la nuit, suivit sa maîtresse, que César palpitant entraînait vers l'escalier.

Cette dernière posait si légèrement le pied sur les marches qu'on n'entendait aucun bruit.

Ils arrivèrent ainsi au logis de César.

Depuis que la bonne dame Blaisot avait pris possession de sa maison et cessé de louer des chambres meublées, elle avait fait quelques réparations intérieures, réuni plusieurs pièces ensembles et converti les chambres du second étage en un petit appartement complet dont son fils s'était accommodé. Seulement, le hasard avait voulu que la chambre occupée jadis par le comte de Beauvoisin et Raoul de Maurelière fût demeurée intacte, et que César y laissât son lit. C'était donc, non dans cette chambre, mais dans la pièce voisine, qui était une manière de petit salon, que les garçons du traiteur avaient dressé la table sans bruit et servi le souper, composé de viandes froides et de vins exquis.

Lorsque César eut poussé la porte de cette pièce, la comtesse passa subitement de l'obscurité à la lumière.

Deux flambeaux d'argent brûlaient sur la table.

Toinon, entrée la dernière, ferma la porte,

L'émotion du jeune Blaisot le rendait pâle comme un mort.

La comtesse se laissa tomber sur un siége en murmurant :

— Je crois que je suis folle !

Elle tenait toujours dans ses mains une main de César, et la pressait fiévreusement.

Le plus bête des hommes, dans un moment semblable, a un moyen toujours neuf, malgré sa vieillesse, de se tirer d'affaire. Il tombe à genoux, ce qui équivaut à la déclaration la plus éloquente.

César se mit donc à genoux devant la comtesse, et murmura :

— Oh ! je vous aime...

Alors Mme des Mazures rejeta son capuchon et apparut à César dans toute sa splendeur.

Elle avait bien quarante cinq ans sonnés, mais à peine eut-on osé lui en donner trente.

Toinon s'était du reste surpassée, dans son rôle de camériste. Elle avait poudré à la maréchale les adorables cheveux blonds que la comtesse additionnait d'un chignon postiche; un couteau à lame d'or, enduit d'une pâte nacrée, avait effacé les rides naissantes des tempes.

Les dents vraies ou non étaient éblouissantes de blancheur et les lèvres avaient reçu un léger coloris de vermillon qui les faisait ressembler à des cerises de juin.

Enfin, la toilette excessivement simple de la comtesse était d'un provocant sans limites; ses bras étaient nus jusqu'au coude, les épaules apparaissaient sous une guimpe de dentelles, avec leurs contours harmonieux et leur galbe parfait.

Et César ébloui, fasciné, demeurait à genoux, et, comme le prêtre devant l'idole, il adorait silencieusement.

— Je fais une folie sans nom, disait la comtesse qui avait posé ses doigts dans les cheveux noirs et crispés du Gaulois Blaisot, car il était Gaulois, en dépit du sang des Vaucresson, qui se prétendaient Francs. Qu'allez-vous penser de moi, monsieur ?

— Je vous adore, balbutiait l'heureux Blaisot.

— Madame la comtesse, dit alors Toinon, on ne parle jamais d'amour mieux qu'à table.

— Tu as raison, dit la comtesse, qui parut maîtriser enfin son trouble et son émotion.

Et elle releva Blaisot qui était toujours à ses pieds.

Alors, s'enhardissant peu à peu, celui-ci lui offrit la main et la fit asseoir, à table, le dos au feu.

Toinon demeura debout pour les servir.

Elle avait posé dans un coin, et sans que Blaisot y fît la moindre attention, une sorte de petite manne en osier de deux pieds de long, qu'elle avait mise sous son manteau en descendant de voiture.

Le jeune Blaisot, en la voyant aussi à l'aise avec sa maîtresse, ne put s'empêcher de faire cette réflexion que très-certainement la comtesse avait fait souvent de semblables équipées, et qu'il n'était pas le premier homme à qui elle demandât à souper dans ces conditions romanesques.

Cette réflexion dérangeait bien un peu les premiers projets matrimoniaux du jeune César, mais en même temps elle lui donnait une confiance dont il se promettait d'abuser, ce qui, sans aucun doute, ne déplairait nullement à la comtesse.

Toinon avait, du reste, une adresse infernale pour précipiter les choses.

Elle ne soupait pas; mais elle servait et trouvait des mots d'encouragement, des capitulations de conscience et des transactions de vertu inouïes.

Le jeune Blaisot, timide d'abord, devint hardi, puis effronté. Il avait commencé par saisir les mains de la comtesse, il arriva à effleurer ses épaules de ses lèvres.

La comtesse ne se défendit que faiblement.

Toinon débouchait flacons sur flacons et versait à boire sans relâche au jeune Blaisot dont les yeux pétillaient, dont le visage s'empourprait.

Toinon alors disparut.

C'est-à-dire qu'elle passa dans la chambre et laissa les deux amoureux tête-à-tête.

— Oh! je vous aime... je vous aime... murmurait César d'une voix épaissie par l'ivresse.

Il voulut prendre la comtesse dans ses bras; elle le repoussa doucement.

Il se mit à genoux, levant sur elle un regard brûlant ; elle se mit à rire.

— Vous m'aimez donc bien? fit-elle.

— A en mourir...

Et sa langue s'épaississait de plus en plus et son regard commençait à se voiler.

Il voulut se lever et ne put.

Alors la comtesse se pencha sur lui et lui mit un baiser sur le front.

Ce fut le coup de grâce; le jeune Blaisot, complétement ivre, s'affaissa sur le paquet et ferma les yeux.

— Toinon! dit alors la comtesse.

Toinon revint.

— Est-ce fait? dit-elle.

— Oui, je crois qu'il dort.

— Il ronfle, madame...

— Et tu crois qu'il ne s'éveillera pas ?

— J'en suis sûre. J'ai versé le contenu de cette petite fiole dans la dernière bouteille de vin qu'il a bue.

En parlant ainsi, Toinon retira de son corsage un petit flacon de verre de Bohême d'un pouce de longueur.

— Et que contenait-il ? demanda la comtesse.

— De l'opium, madame, il a six heures de sommeil devant lui.

— C'est plus qu'il ne nous en faut, j'imagine, dit la comtesse qui avait retrouvé ce visage impassible et ce sang-froid à toute épreuve que nous lui connaissons.

En même temps, elle tira de sa poche un carnet, et de ce carnet le papier pelure d'oignon qui avait été si longtemps renfermé dans le chaton de la bague portée par Dagobert.

— N'allons pas nous tromper, dit-elle, et faire une besogne inutile.

Et elle relut à mi-voix ce passage de la lettre de Raoul de Maurelière à son vieil ami dom Jérôme :

« La cassette est derrière la plaque fleurdelisée de la cheminée de cette chambre où nous avons vécu si longtemps. »

Puis regardant Toinon :

— Est-ce ici, ou dans l'autre pièce ?

Toinon s'approcha de la fenêtre et prit pour objectif et pour point de repaire celles de l'hôtel.

— C'est dans l'autre pièce, dit-elle.

Le jeune Blaisot, qui avait rêvé un tout autre dénouement à son aventure, avait bien fait les choses. Il avait allumé du feu dans les deux pièces.

— Il faut éteindre le feu, dit la comtesse.

Toinon se mit en devoir de lui obéir.

Elle retira les bûches, l'une après l'autre et les porta dans la cheminée du salon.

Pendant ce temps, la comtesse avait, à grand'peine, soulevé sous les bras César Blaisot endormi et l'avait couché tout de son long sur un canapé voisin de la table.

Le feu éteint, Toinon prit la manne d'osier et l'ouvrit.

La manne était pleine d'outils; un véritable arsenal de serrurier.

Il y avait des limes, une pince, un marteau et jusqu'à du ciment en poudre, qu'il suffirait de délayer dans un peu d'eau pour resceller la plaque une fois la cassette retrouvée.

Quoique le feu fût éteint, la plaque était trop chaude encore pour qu'on y pût toucher.

Toinon prit une carafe et en jeta dessus le contenu.

— A l'œuvre maintenant, dit la comtesse; il faut que nous soyons parties avant que cet imbécile s'éveille !

LVIII

Il y avait bien seize ou dix-sept ans que M. Raoul de Maurelière avait quitté cette chambre, et depuis lors on avait constamment fait du feu devant cette plaque qui cachait la fortune de la fille de Gretchen, si on s'en rapportait à ce billet adressé à dom Jérôme, perdu par Dagobert et retrouvé par Toinon, l'âme damnée de Mme des Mazures.

Aussi les fleurs de lis dont parlait le billet avaient-elles disparu depuis longtemps sous une épaisse couche de suie.

Cependant Toinon, qui était une courageuse et robuste créature, s'armant d'un couteau, se mit à gratter la suie et remit les fleurs de lis en évidence ; puis arracha un des crampons de fer qui rivaient la plaque au mur.

Les fleurs de lis attestaient que c'était bien la plaque en question.

Mais le crampon fut pour les deux femmes une révélation moins agréable. La maison, la cheminée, la plaque dataient du siècle de Louis XIV, un temps où tout se faisait solidement.

La plaque était épaisse, la pierre dans laquelle elle s'encastrait était d'une dureté extrême, et elle était scellée par huit crampons d'un pouce d'épaisseur au moins et qui devaient pénétrer très-profondément dans le mur.

Toinon avait apporté dans la mannette d'osier, nous l'avons dit, un véritable arsenal de serrurerie, chaque instrument enveloppé dans un chiffon, de peur, quand elles étaient arrivées, que César Blaisot n'entendît un bruit de ferraille qui aurait pu l'étonner et éveiller sa curiosité.

Il y avait un marteau, un ciseau à froid, des limes, des pinces.

Mais il ne fallait songer à se servir ni du marteau ni d'aucun instrument bruyant.

César dormait d'un sommeil profond et léthargique, il est vrai, mais sa mère dormait au-dessous, les servantes au-dessus, et il ne fallait pas s'exposer à ce que celle-ci ou les autres, éveillées par le bruit, vinssent s'enquérir de ce qui se passait dans la chambre.

La lime seule était l'outil convenable.

Avec le ciseau à froid, Toinon se mit courageusement à l'œuvre, grattant le plâtre et déchaussant peu à peu et sans bruit un des crampons, de façon que la lime pût mordre dessus.

Une grosse lime, merveilleusement trempée, et dont les dents allaient entamer le fer comme une râpe entamerait un fromage de Parmesan,

Les crampons, également couverts de suie, étaient de la même couleur que la plaque, et tout laissait supposer qu'ils étaient du même métal.

Mais, au premier coup de lime, Toinon éprouva une résistance, entendit un grincement et vit surgir une poussière brillante comme de la limaille de cuivre.

— Qu'est-ce que cela? dit la comtesse, qui, accroupie près de Toinon, tenait le flambeau tout auprès de la besogne entreprise.

— Madame, répondit Toinon avec un geste de colère, les crampons sont en acier mélangé de cuivre. Il nous faudra trois fois le temps qu'eussent demandé des crampons de fer.

La comtesse fronça le sourcil.

— Et il y en a huit, dit Toinon. Jamais nous n'aurons le temps.

La comtesse consulta sa montre.

— Deux heures du matin, dit-elle.

— Quatre heures de nuit encore pour le moins, dit Toinon. Mais arriverons-nous, dans quatre heures, à desceller cette plaque?

La comtesse plaça le flambeau à terre.

— N'as-tu pas deux limes? dit-elle.

— Si fait, répondit Toinon, mais l'autre ne mordra pas... Et puis, Madame, vous vous épuiseriez de fatigue inutilement, car nous nous gênerions mutuellement.

Et Toinon se mit à limer avec ardeur.

Le front de la bohémienne continuait à ruisseler; le temps marchait et la lime mordait péniblement.

Au moment où le dernier coup séparait le crampon de la plaque, un son de cloche traversa l'espace.

C'était trois heures qui sonnaient.

— Jamais nous n'en viendrons à bout, murmura la comtesse avec rage.

— Il en reste sept, dit Toinon qui s'arrêta un moment.

— En voilà donc pour sept heures... C'est impossible.

— Non, répondit la bohémienne. Que j'en brise trois encore, et je crois que je pourrai desceller la plaque.

— Comment cela ?

— En introduisant ma pince entre la partie descellée et le mur, et en exerçant une pesée. Les autres crampons se tordront peut-être.

Et Toinon, pleine d'ardeur, se remit à la besogne.

La comtesse consultait sa montre à chaque instant.

Toinon avait retroussé ses manches, relevé ses

jupes, et, les cheveux épars, le visage empourpré, elle travaillait sans relâche.

Le deuxième crampon céda en trois quarts d'heure.

La plaque ne tenait plus au mur que par trois côtés.

— Si nous parvenons à en couper un de chaque côté encore, dit la bohémienne, nous pourrons arracher la plaque dans deux heures.

La comtesse se leva et alla dans la pièce voisine s'assurer que César dormait toujours.

L'héritier par les femmes de la noble maison de Vaucresson était dans la posture où on l'avait placé sur le canapé, et il n'avait pas même remué une jambe ou un bras.

Alors la comtesse revint s'accroupir à côté de Toinon.

Se familiarisant peu à peu avec cette étrange besogne, Toinon gagnait du temps.

Il lui avait fallu une heure pour le premier crampon, trois quarts d'heure pour le second ; le troisième fut séparée de la plaque en vingt-huit minutes.

— Pauvre Toinon ! dit la comtesse en regardant la bohémienne qui ressemblait à un démon au milieu des flammes, tant elle était rouge.

— Nous en viendrons à bout, Madame, vous verrez, répondit-elle en attaquant le quatrième crampon, lequel, comme on le pense bien, était parallèle au troisième. Il est quatre heures et demie, n'est-ce pas? ajouta-t-elle.

— Oui.

— A cinq heures, j'aurai fini.

Et Toinon lima de plus belle, et l'acier mordit l'acier avec une sorte de fureur fiévreuse.

A cinq heures moins quelques minutes, Toinon avait tenu parole.

Le quatrième crampon n'adhérait plus qu'au mur, et il était séparé de la plaque.

Alors Toinon se leva, essuya son front ruisselant, et alla prendre dans la manette la pince et le marteau.

— Mais le bruit du marteau, dit la comtesse effrayée, va réveiller toute la maison.

— Non, Madame, répliqua Toinon; il m'est venu une idée. Vous allez voir.

Elle prit la pince d'abord et la glissa entre le premier crampon limé et la plaque; puis elle exerça une vigoureuse pesée; la plaque résista, mais pas assez pour que le bout aminci de la pince ne pénétrât de quelques lignes et ne se trouvât dès lors solidement maintenu entre la plaque et le mur.

Alors Toinon prit son mouchoir et le plia en sept ou huit doubles, le posant sur le manche de la pince destinée à recevoir les coups de marteau.

Le marteau frappa sans bruit, car le mouchoir servait de tampon ; il frappa encore, et puis encore.

A chaque coup la pince s'enfonçait d'un cran, et la plaque se tordait un peu, s'éloignant peu à peu du mur.

Enfin l'interstice fut assez grand pour que le petit bout du marteau pût s'y glisser.

Dès lors Toinon avait un levier, et, avec une force qu'on n'eût pas soupçonnée dans ce corps chétif et difforme, elle exerça une pesée si vigoureuse que les crampons du bas se tordirent et que la plaque fut arrachée du mur à la suite de la secousse.

La comtesse eut un cri de triomphe.

Mais, à ce cri, Toinon répondit par une exclamation de rage.

La plaque fleurdelisée en recouvrait une autre, ou plutôt elle n'avait servi qu'à dissimuler une sorte de porte de fer scellée comme elle dans le mur, non plus par huit, mais par seize crampons...

Cette porte avait des charnières et devait tourner sur elle-même, si on parvenait à forcer la serrure dont on apercevait le trou sur un des côtés.

La comtesse s'était penchée, elle aussi, et, comme Toinon, elle eut un cri de rage.

Avoir descellé la plaque n'était rien ; il fallait maintenant ouvrir cette porte.

A la'simple inspection du trou de la serrure, Toinon secoua la tête.

— Je connais cela, dit-elle, nous aurions tous les rossignols de la terre que nous n'en viendrions pas à bout. C'est une serrure à trèfle et il faudrait fabriquer une clé.

— Mais, dit la comtesse folle de rage, alors même qu'on fabriquerait une clé, comment revenir ici ? Quand on entrera, on verra la plaque arrachée, et, sortant de son sommeil léthargique, César Blaisot comprendra pourquoi nous sommes venues.

Toinon écumait.

Mais la bohémienne était féconde en ressources.

— Madame, dit-elle, rien n'est désespéré...

— Que veux-tu dire ? fit la comtesse relevant la tête.

— Si vous suivez mon conseil...

— Eh bien ?

— Nous aurons la cassette.

— Mais quand ?

— La nuit prochaine.

— Et comment veux-tu que nous revenions ?

— J'ai trouvé, dit froidement Toinon, vous ne vous en irez pas.

La comtesse, stupéfaite, regarda Toinon.

La bohémienne était calme à présent, comme un

grand capitaine qui a tracé son plan de campagne, et est désormais sûr de la victoire.

— Parle donc, fit la comtesse, je t'écoute, et j'ai foi en ton infernale intelligence.

LIX

Avant de s'expliquer, Toinon alla prendre une bougie sur la table du souper, et la renversant tout allumée au-dessus d'une assiette, elle fit couler la cire, de façon à en obtenir un morceau de la grosseur d'une noix.

La comtesse la suivait attentivement des yeux.

Toinon appuya la cire brûlante sur la serrure de la porte de fer et en prit une empreinte fort nette.

— Ce soir, dit-elle, j'aurai une autre clé.

— Mais, comment revenir ce soir ? dit encore Mme des Mazures.

— Vous allez voir, dit en souriant la bohémienne.

Alors elle releva la plaque arrachée, et avec une adresse infernale elle la replaça, masquant ainsi la porte de fer.

Les crampons étaient sciés ; Toinon prit un morceau de bois, le coupa en plusieurs petits coins qu'elle glissa entre le fer et la pierre ; puis elle recouvrit tout cela d'un enduit de suie mouillée, et ce travail fut même si habilement fait que la comtesse s'écria :

— On dirait que cette plaque de cheminée n'a pas bougé depuis vingt ans.

Toinon replaça la lime et les autres outils dans sa mannette, fit disparaître de la chambre jusqu'au moindre vestige de son travail nocturne ; puis, regardant la comtesse :

— Maintenant, madame, vous allez voir que mon idée est bien simple.

— Parle, je t'écoute.

— Je vais m'en aller, moi.

— Et moi ?

— Vous allez rester ici.

— Mais quand il s'éveillera...

— Un homme qui s'est grisé et a pris un narcotique, croit tout ce qu'on voudra.

Et Toinon appuya ces paroles d'un regard et d'un sourire que la comtesse comprit.

— Bien, dit-elle.

— Il a beau être borné, poursuivit Toinon, il pensera, comme vous, qu'une femme de qualité ne peut s'en aller d'ici en plein jour.

— Toinon, dit la comtesse en souriant, il est inutile que tu ailles plus loin : j'ai compris... Aide-moi à le mettre au lit.

La bohémienne et la comtesse transportèrent alors

à bras-le-corps César Blaisot du petit salon dans la chambre et le mirent au lit.

Après quoi, la comtesse arracha le peigne qui retenait ses propres cheveux et jeta dans toute sa toilette le désordre charmant qui révèle éloquemment une lutte soutenue.

— Cet imbécile, dit-elle, se croira grand comme un demi-dieu.

— Madame, dit alors Toinon, il sera jour tout à l'heure, il faut que je m'en aille.

— Ainsi, tu reviendras ce soir ?

— Oui.

— Avec la clé ?

— Certainement, je trouverai bien un ouvrier habile qui, à prix d'or, consentira à la fabriquer.

— Mais, dit encore la comtesse, comment ferons-nous ?

— Eh bien ! nous griserons César une seconde fois.

— Oh ! non ; j'ai une autre idée.

— Ah ! fit Toinon.

— Pour ne pas éveiller les soupçons de sa mère et qu'elle ne puisse deviner qu'une femme est cachée ici, il descendra souper avec elle.

— Bon !

— Et j'exigerai qu'il aille comme à l'ordinaire passer deux heures au café du *Roi de Prusse*, c'est plus qu'il n'en faut pour ouvrir la porte, nous emparer de la cassette et nous sauver.

— Soit, dit Toinon.

Et elle fit un pas vers la porte.

— Est-ce que tu vas descendre sans lumière?

— Madame sait que j'y vois la nuit comme les chats. Et puis, j'ai remarqué comment s'ouvre la porte. Soyez tranquille.

Toinon s'en alla, en effet, et la comtesse, qui cependant avait l'oreille fine, n'entendit pas le moindre bruit.

La bohémienne glissa dans l'escalier comme une ombre, arriva dans le vestibule, ouvrit la porte, la tira après elle, et la comtesse, abritée derrière les rideaux de la chambre de César, la vit traverser la rue et rentrer dans l'hôtel.

Alors Mme des Mazures alla fermer la porte au verrou.

— Maintenant, dit-elle, il s'agit de jouer le rôle d'une femme déshonorée...

Et elle eut un sourire à désillusionner pour toujours ce bon César-Alexandre-Hippolyte Blaisot, s'il n'eût encore été dans les bras du sommeil.

. . . .

L'héritier par les femmes de la noble maison de Vaucresson était, en effet, grisé bel et bien, et le narcotique adroitement jeté dans son verre par Toinon avait achevé l'œuvre d'anéantissement.

César dormit douze heures, et le soleil entrait dans sa chambre, au travers des rideaux mal fermés, quand il ouvrit les yeux.

Le réveil de l'ivresse est toujours assez confus pour qu'il s'écoule plusieurs minutes avant que l'ivrogne puisse se rendre un compte exact de ce qui s'est passé.

César promena donc un regard hébété autour de lui; puis, ses souvenirs revinrent un à un... et il se revit à table dans la pièce voisine avec la belle comtesse.

Un soupir et un sanglot le firent tressaillir, et il se dressa vivement sur son lit.

Dans l'angle le plus obscur de la chambre, le visage couvert de ses beaux cheveux dénoués, ses vêtements tachés, fripés et dans un désordre extrême, la comtesse malhabile en l'art des femmes de chambre s'était rajustée comme elle avait pu. César, étonné et ravi, l'aperçut se tordant les mains et pleurant à chaudes larmes.

— O mon Dieu! disait-elle, mon Dieu! qu'ai-je fait?

César était non-seulement un bélitre, mais encore il avait une jolie dose d'amour-propre et de fatuité.

Il s'élança donc hors du lit et vint tomber aux genoux de la comtesse.

— Vous êtes un ange! dit-il.

Elle le repoussa doucement et couvrit ensuite son visage de ses deux mains, répétant :

— Ah! monsieur, vous m'avez perdue,..... que vais-je devenir?

César, pendant son lourd sommeil, avait si bien possédé la comtesse en rêve qu'il ne douta pas un instant que le rêve n'eût été une réalité.

D'ailleurs, s'il en avait été autrement, pourquoi la comtesse aurait-elle manifesté ce désespoir et versé ces larmes?

Il s'enveloppa donc à la hâte dans une robe de chambre, chaussa des pantoufles et vint se remettre aux pieds de Mme des Mazures, lui baisant les mains avec transport.

Alors, celle-ci essuya ses larmes.

— Mais, mon ami, lui dit-elle, que vais-je devenir ?

— Je vous aime...

— Soit, mais comment sortir d'ici avant la nuit prochaine?

— Eh bien! vous resterez, dit César.

— Et si votre mère...

— Ma mère ne monte jamais chez moi.

— Les servantes...

— Je leur défendrai d'entrer.

— Monstre ! dit la comtesse qui se laissa prendre un baiser.

Et le programme de Toinon fut suivi à la lettre.

César était tellement radieux, il se sentait si grandi dans sa propre estime, qu'il se demandait maintenant ce que pourrait lui ajouter de mérite le nom de Vaucresson, naguère encore l'objet de ses plus ardentes convoitises.

Il était amoureux, il fut docile. La comtesse lui fit faire tout ce qu'elle voulut.

Ainsi il descendit déjeuner avec sa mère, tandis que les débris du souper suffisaient à calmer l'appétit de la comtesse.

Une servante ayant voulu entrer, il lui cria à travers la porte, fermée au verrou, qu'il lisait un roman fort intéressant et ne voulait pas être dérangé.

Plus d'une fois il voulut revenir à son rêve, mais la comtesse se défendait en souriant et disait :

— J'abhorre la lumière du jour.

Le soir vint, elle lui dit encore :

— Vous irez souper avec votre mère.

— Soit, dit Blaisot.

— Puis, comme à l'ordinaire, vous irez faire un tour au café du *Roi de Prusse*.

— A quoi bon? fit-il, la regardant avec tendresse.

— Je le veux. Puis, à l'heure où vous reviendrez,

ma femme de chambre, qui s'est sauvée discrètement hier soir, ne peut manquer de revenir cette nuit.... pour me chercher.

— Comment! dit le bélitre avec un soupir, vous partirez?

— Dame! fit-elle en riant, je ne puis pourtant pas demeurer prisonnière ici.

Et César Blaisot soupa avec sa mère; puis il remonta dans sa chambre, puis encore il obéit à la comtesse et sortit.

Alors la comtesse attendit, l'œil et l'oreille aux aguets, le retour de Toinon.

Vers dix heures, la réverbération produite par les fenêtres de l'étage inférieur sur les murs voisins dans la rue, s'éteignit tout à coup.

La comtesse en conclut que la bonne dame Blaisot venait de se mettre au lit.

Puis elle entendit retentir dans l'escalier le pas lourd des deux servantes, qui montaient se coucher.

Alors, elle ouvrit sans bruit la fenêtre.

César Blaisot avait promis de ne pas revenir avant minuit.

Au bas de la fenêtre, assise sur une borne, Toinon attendait.

— Je vais t'ouvrir, lui dit la comtesse d'un signe.

Et elle gagna hardiment l'escalier, un flambeau à la main.

LX

Le café du *Roi de Prusse*, rue Jacob, était le rendez-vous des esprits forts du quartier.

La tradition voulait que M. de Voltaire y fût venu jadis, et que ce fût sur une de ses tables qu'il eût écrit la moitié de sa correspondance avec le grand Frédéric. L'enseigne du café n'avait pas d'autre origine.

La tradition voltairienne s'y était conservée, du reste. Tous les soirs, Dieu et ses saints n'avaient qu'à s'y bien tenir, car ils rencontraient des philosophes d'une jolie force.

Il y avait surtout un brave homme de pharmacien-droguiste, établi sur la place Saint-Germain-des-Prés, en face de l'église, qui pouvait se vanter de n'avoir jamais ôté sa calotte de soie noire à une soutane.

Ce brave homme se nommait Chaubourdin ; il était jusqu'au cou dans les idées nouvelles depuis qu'un gentilhomme du quartier, ancien militaire, entrant dans son officine pour lui demander un remède, l'avait appelé apothicaire.

Chaubourdin était d'ailleurs un homme encore jeune, très-chauve, d'un esprit taquin et moqueur, et il avait pris pour plastron, depuis lontemps, cet innocent César Blaisot, d'abord parce qu'il le trouvait bête, ensuite parce que le fils de la bonne dame, née de Vaucresson, affichait un royalisme ardent, surtout quand les *joueurs d'échecs* n'étaient pas là.

Ce qu'on appelait les joueurs d'échecs, étaient quatre vieux messieurs, vêtus fort simplement, mais ayant à leur boutonnière le ruban rouge de l'ordre de Saint-Louis. Anciens militaires, petits gentilshommes, célibataires tous les quatre et vivant d'une maigre pension de retraite et de quelques petits revenus, ces messieurs, qui habitaient dans le voisinage, venaient de temps en temps, sinon tous les soirs, prendre une tasse de café ou de chocolat et faire une partie d'échecs au café du *Roi de Prusse*.

La prudence de Chaubourdin tenait à l'aventure que voici : Jamais les quatre chevaliers de Saint-Louis ne s'étaient mêlés aux discours philosophiques des bourgeois qui fréquentaient l'établissement et dont maître Chaubourdin était le plus bel esprit.

Mais un jour, ce dernier, plus échauffé qu'à l'ordinaire, après avoir admonesté Dieu, avait morigéné le roi, et après le roi tenu des propos plus que lestes sur la reine.

Alors un des quatre joueurs d'échecs s'était levé, était venu se mettre en face de lui et lui avait dit :

— Nous ne sommes plus de la première jeunesse, mes amis et moi, comme vous voyez ; mais nous vous couperons les oreilles si vous dites un mot de plus sur le roi et la reine, à qui nous sommes attachés.

Chaubourdin avait eu peur, et depuis lors il ne s'en prenait qu'à Dieu, lorsque les joueurs d'échecs étaient là. Mais ce soir-là, quand le naïf César Blaisot, obéissant à sa prétendue maîtresse, vint au café du *Roi de Prusse*, encore étourdi, encore chancelant, gardant peut-être un reste d'ivresse, les joueurs d'échecs n'étaient point encore arrivés, et Chaubourdin sirotait son café et taillait des croupières à une demi-douzaine de saints qui s'étaient vantés, paraît-il, de faire des miracles.

Le cercle formé autour de ce bel esprit se composait de trois ou quatre boutiquiers ou petits rentiers des environs, et les pauvres saints avaient affaire à forte partie.

Heureusement, l'arrivée de César Blaisot opéra une diversion et on les laissa tranquilles.

César, qui était un garçon timide de son naturel, avait cependant, ce soir-là, un sourire aux lèvres ; il portait la tête haute, un peu en arrière, et Chaubourdin remarqua qu'il saluait d'un air protecteur.

César, au lieu de s'approcher du poêle, qui était

comme le quartier général des beaux esprits du café, s'alla placer tout seul à une table inoccupée, et demanda une tasse de café bien chaud.

— Eh! monsieur Blaisot de Vaucresson, lui cria Chaubourdin, vous paraissez bien fier, ce soir.

Blaisot se leva.

— Vous vous trompez, dit-il sèchement.

Cette froideur piqua un peu l'apothicaire, qui prit son verre de vin chaud posé sur le poêle et s'approcha, le tenant à la main, de la table occupée par César.

Puis, s'asseyant en face de lui sans même lui en demander la permission :

— Mon très-cher, lui dit-il, savez-vous que vous m'intriguez énormément...

— Ah! fit César, qui tressaillit.

— Depuis hier vous n'êtes plus le même.

— Plaît-il?

— On dirait que vous avez acheté l'univers et que vous en êtes le maître.

— Quelle plaisanterie, monsieur Chaubourdin.

— Hier, vous avez reçu une lettre ici, ce qui ne vous est peut-être jamais arrivé, dit Chaubourdin en clignant de l'œil.

— Que vous importe?

— Une lettre d'amour, c'est certain.

César ne put s'empêcher de rougir.

— Après tout, ce sont mes affaires et non les vôtres.

— Hé! qui sait?

Ici l'apothicaire eut un nouveau clignement d'yeux :

— Ne faites donc pas le malin, dit-il, j'en sais peut-être plus long que vous.

Le trouble de César Blaisot augmenta sensiblement à ces derniers mots ; cependant, il y eut en lui une fibre vaniteuse qui vibra tout à coup.

— Que savez-vous donc ? fit-il.

— Je suis du quartier, dit finement Chaubourdin.

— Eh bien ?

— Ensuite je suis pharmacien, et mon laboratoire voit entrer bien des clients, de huit heures du matin à dix heures du soir.

— Je ne vois pas quel rapport ce que vous me dites-là peut avoir avec...

— Attendez donc, dit Chaubourdin.

Et il baissa la voix plus encore :

— Vous êtes amoureux, dit-il, et la lettre que vous avez reçue hier était une lettre de rendez-vous.

— Peuh! fit César, qui crevait d'orgueil en lui-même.

— Enveloppe grise, cachet armorié rouge...

— Vous avez de bons yeux, monsieur Chaubourdin.

— C'est qu'il faut vous dire que cette lettre, avant d'être jetée à la boîte, est entrée chez moi.

Cette fois, César Blaisot eut un geste de surprise.

— Une femme qui est un peu bossue, et qui a des yeux qui brillent comme des charbons, est venue chez moi le matin m'acheter de l'opium et m'a demandé où il y avait une boîte aux lettres.

Machinalement, j'ai regardé la lettre qu'elle tenait à la main...

— Et vous avez vu mon nom dessus ?

— Non... mais quand le soir on vous l'a apportée ici, il m'a semblé la reconnaître.

César Blaisot, en dépit de tous les serments de discrétion qu'il avait faits, mourait d'envie d'avoir un confident de sa bonne fortune.

— En vérité, monsieur Chaubourdin, dit-il, vous êtes par trop curieux.

— Hé ! hé !

— Et même un peu compromettant...

— Je suis la discrétion même, au contraire, dit Chaubourdin, et la preuve, c'est que je n'ai soufflé mot de mes observations à personne autre que vous.

— Vraiment ?

— Ma parole d'honneur.

César prit de plus en plus un air conquérant.

— Dame! fit-il, que voulez-vous? il faut bien s'amuser un peu quand on est jeune.

— Voyez-vous ça? fit Chaubourdin.

— Il vient un moment où les amours de passage vous fatiguent, poursuivit César.

— Peste!

— Et où on lève les yeux plus haut.

— Il paraît que vous avez des goûts aristocratiques, mon cher Blaisot.

Blaisot eut un petit sourire plein d'orgueil

— Peut-être bien... fit-il.

— Une femme de qualité?

— Hé! hé!

— De la cour?

— Qui sait?

— Contez-moi donc ça...

— Oh! non, fit Blaisot, je suis un galant homme.

— Qu'est-ce que cela fait?

— Et un galant homme ne compromet pas la femme qui a bien voulu...

— Mais, mon bon ami, un homme ne compromet une femme que lorsqu'il la nomme.

— Vous croyez?

— J'en suis sûr. Qui vous empêche de me taire le vrai nom, et de me dire les jolies aventures que vous me paraissez avoir courues? Du moment que je ne sais pas le nom de votre divinité, c'est comme si je ne savais rien.

Néanmoins, César Blaisot hésitait encore, plutôt pour se faire prier que pour tout autre motif, car il mourait d'envie d'avoir un confident de ses amours lorsqu'un nouveau personnage entra dans le café.

Ce n'était pas un habitué, et il était probable qu'on le voyait pour la première fois, car on le regarda avec une curiosité attentive.

C'était un homme grand, mince, aux cheveux tout blancs, vêtu d'un habit de voyage, sur lequel s'étalait la croix de Saint-Louis, et portant au côté une épée de ville.

Il s'approcha du comptoir, salua la dame et lui dit :

— Excusez, madame, un homme qui arrive à Paris qu'il a quitté depuis longues années; j'ai été jadis un habitué de votre établissement, mais, je le vois, il a changé de propriétaire.

— En effet, monsieur répondit la dame.

— Cependant, je crois que j'ai des amis, d'anciens compagnons d'armes qui viennent ici quelquefois jouer aux échecs, du moins c'est ce que l'un d'eux M. d'Ormaison, m'a écrit.

— Oui, monsieur, ces messieurs viennent à peu près tous les soirs, entre dix et onze. Voulez-vous les attendre? il est près de dix heures.

— Volontiers, dit le voyageur.

Et il s'assit à une table voisine de celle où étaient Chaubourdin l'apothicaire et le jeune César Blaisot.

Puis il prit une gazette qui s'y trouvait, la parcourut des yeux et parut ne point s'occuper de ses voisins.

— Voyons, mon ami, disait Chaubourdin pendant ce temps-là, contez-moi donc cette aventure.

— Mais vous me promettez d'être discret.

— Je vous le promets.

César eut un accès d'orgueil :

— Eh bien! dit-il, vous allez voir que, bien qu'on me conteste le nom de Vaucresson...

— Oh! pas moi, dit Chaubourdin avec une pointe d'ironie.

— Et qu'on s'obstine à m'appeler Blaisot tout court, je n'aurais pas moins tourné la tête à une femme de qualité.

A ce nom de Blaisot, le voyageur qui paraissait enfoncé dans la lecture du *Mercure de France*, n'avait pu se défendre d'un léger tressaillement.

LXI

Le visage du voyageur était complétement caché par le journal qu'il tenait à la main, ce qui fit que ni Chaubourdin l'apothicaire, ni César Blaisot, ne s'aperçurent du mouvement qu'il avait fait en entendant prononcer le nom de ce dernier.

— En vérité, dit Chaubourdin, vous êtes aimé par une dame de qualité ?

— Un peu, fit César Blaisot, pour ne pas dire éperdûment.

— Contez-moi donc cela...

— Figurez-vous donc qu'avant-hier... fit César. Mais soudain il s'arrêta bouche béante.

— Eh bien, qu'avez-vous donc ? fit Chaubourdin étonné.

— Ah ! diable ! je n'ai pas réfléchi à une chose.

— Laquelle ?

— C'est que je ne puis pas...

— Vous ne pouvez pas ?

— Vous raconter mon histoire.

— Et pourquoi donc, du moment où vous ne me nommez pas la femme ?

— C'est que... il faut que je vous dise qu'elle demeure dans la rue de l'Abbaye.

— La rue est longue.

— Oui, mais c'est tout à fait en face de chez moi, dit le naïf Blaisot.

Chaubourdin se mit à rire.

— Remarquez bien, mon cher bon, dit-il que, tout en vous défendant, vous venez de me dire tout ce que je ne devrais pas savoir, du moment où vous vous arrêtez dans vos confidences. D'abord, vous m'avez dit que vous étiez aimé... et heureux..

— Heureux, répéta Blaisot avec embarras.

— Que la dame demeure rue de l'Abbaye, en face de chez vous...

Blaisot se mordit les lèvres.

— Ce qui fait que demain, si cela me plaît, j'en saurai aussi long que vous, et comme je n'aurai pas reçu vos confidences, rien ne m'empêchera de parler de cette histoire tout à mon aise.

— Vraiment ! dit César Blaisot, vous feriez cela.

— Dame !

— Vous perdriez la réputation d'une femme ?

— Non, si vous me confiez votre secret ; parce que, vous aurez le droit de me demander ma parole d'honneur que je me tairai.

— Eh bien! alors, dit César en soupirant, je vais tout vous dire.

— A la bonne heure !

— Figurez-vous donc, reprit César dès lors à son aise et tout heureux de pouvoir faire étalage de son bonheur, figurez-vous qu'avant-hier matin, je me mets à la fenêtre, et quel est mon étonnement de voir d'abord dans la cour de ce vieil hôtel, qui est veuf de ses maîtres depuis si longtemps, une berline de voyage.

— Les maîtres étaient arrivés la veille ?

— Justement. Peu après une fenêtre s'ouvre et je vois apparaître une femme brune avec des yeux noirs qui vous pénètrent...

— Celle que j'ai vue, sans doute, dit Chaubourdin.

— C'est probable. Cette femme se retire, une autre fenêtre s'ouvre et je demeure ébloui : à celle-là se montrait une femme si belle... mais si belle...

— Que vous en tombez amoureux sur-le-champ.

— Oui, dit Blaisot, mais il paraît que je lui ai produit le même effet, car le soir, comme je rentrais, on me frappe sur l'épaule.

J'étais en contemplation devant cette fenêtre où l'ange de mes rêves m'était apparu, et, me retournant, je me trouve face à face avec la femme que j'avais aperçue la première.

— Là, mon jeune coq, me dit-elle, êtes-vous discret ?

— Sans doute.

— Eh bien ! ne dites rien à personne et demain on vous écrira au café du *Roi de Prusse*.

— C'est donc pour elle que vous êtes venu ici dix fois dans la journée d'hier ? observa Chaubourdin.

— J'en conviens ; et le soir j'ai trouvé la lettre.

Deux ou trois fois depuis le commencement de ce récit, le voyageur avait regardé César Blaisot par dessus son journal ; mais, trop occupé à narrer sa bonne fortune, le jeune fat n'y avait pris garde.

— Eh bien ! dit Chaubourdin, c'était bien cette lettre que tenait la servante quand elle est venue dans mon officine acheter de l'opium pour sa maîtresse qui, m'a-t-elle dit, avait des crises nerveuses. Continuez, mon ami.

— Dans la lettre, poursuivit César, on me recommandait la discrétion ; on m'engageait à commander un souper fin, à le faire transporter sans bruit dans ma chambre, et on m'annonçait qu'à minuit on viendrait le partager avec moi.

— Et on est venu ?

— Oui.

— Heureux coquin...

Mais soudain Blaisot s'arrêta une fois encore.

— Qu'avez-vous donc ?

— Oh ! rien... Mais cette coïncidence... c'est bizarre...

— Quelle coïncidence ? fit Chaubourdin surpris.

— Vous dites que la femme brune vous a acheté de l'opium ?

— Oui.

— Pour sa maîtresse, qui a des crises nerveuses ?

— C'est du moins ce qu'elle m'a dit.

César Blaisot était devenu tout pâle.

— Ma foi ! dit-il, le conseil d'un homme de sens

est toujours une bonne chose, et je ne me repens pas de vous avoir conté tout cela.

— Que voulez-vous dire ?

— Figurez-vous que je me suis grisé en soupant et que je me suis endormi...

— Ah bah ?

— Quand je me suis éveillé...

— Votre belle était partie, peut-être ?...

— Non pas, mais elle était sur un canapé, les cheveux en désordre, les yeux noyés de larmes, tandis que j'étais dans mon lit : ce qui fait que je ne me rappelle nullement ce qui s'est passé, et que je l'ai crue sur parole...

Chaubourdin se mit à rire.

— Hi ! hi ! dit-il, il pourrait bien se faire que vous eussiez pris l'opium, vous, et non pas elle.

César fronça le sourcil.

— Oh ! si cela était ! fit-il.

Le voyageur, toujours abrité derrière son journal ne perdait pas un mot des confidences de César Blaisot.

Chaubourdin riait à bas bruit.

— Mon bon ami, dit-il, je crois qu'elle s'est moquée de vous.

— Cependant... elle pleurait...

— Les femmes sont d'habiles comédiennes...

— Mais alors elle serait partie... au lieu de m'attendre...

— Comment ! elle est encore chez vous ?

— Oui.

— Et elle vous attend ce soir ?

— Sans doute.

— Voilà que je ne comprends plus du tout, en ce cas.

— Et je ne suis pas gris, ce soir, fit César d'un petit air conquérant.

— Mais enfin, mon bel ami, reprit Chaubourdin, vous avez tenu exactement votre promesse en ne me disant pas le nom de votre belle amie...

— Ma foi ! dit naïvement César, je vous avouerai que je ne le sais pas.

— Eh bien ! je le sais, moi.

— Vous !

— Sans doute, puisque c'est la dame du vieil hôtel : c'est la comtesse des Mazures.

A ce dernier nom, le voyageur quitta brusquement son journal, se leva et vint poser sa main sur l'épaule de César stupéfait.

Chaubourdin, qui tout en méprisant les gens d'épée en avait une peur horrible, crut que cet homme était un parent ou un ami de la comtesse ; il crut flairer une querelle et s'esquiva prudemment, laissant l'héritier des Vaucresson face à face avec le gentilhomme.

— Monsieur, dit celui-ci avec une courtoisie parfaite, j'ai entendu prononcer votre nom tout à l'heure.

— En effet... balbutia César tout interloqué.

— Vous êtes M. César Blaisot, vous demeurez rue de l'Abbaye, et par conséquent vous devez être le fils de Mme Blaisot, née de Vaucresson.

— Oui, monsieur.

— Il est impossible que madame votre mère ne vous ait point parlé d'un vieil officier, le chevalier de Maurelière, qui lui a écrit du Havre...

— En effet, dit César, et ma mère l'attend sous huit jours.

— C'est moi, monsieur. J'ai renoncé à la petite excursion que je devais faire en Normandie, et je suis arrivé ce soir même par le coche. Comme il était tard, je suis descendu dans une auberge des bords de la rivière, me promettant de venir demain frapper à la porte de madame votre mère.

César Blaisot, qui n'avait pas eu moins peur que maître Chaubourdin l'apothicaire, respirait librement à présent, et se sentait attiré vers M. de Maurelière par une mystérieuse sympathie.

En cherchant bien peut-être, il se fût souvenu que la bonne dame Blaisot, née de Vaucresson, avait le secret espoir de se faire épouser par ce revenant d'Amérique.

Mais César n'y pensa pas en ce moment.

— Monsieur, continua M. de Maurelière en baissant la voix et avec un accent ému qui fit tressaillir le jeune homme, je vous en supplie, sortons... J'ai des choses de la plus haute importance à vous dire.

En même temps il lui prit familièrement le bras, afin que les personnes qui étaient dans le café et les regardaient, ne pussent croire à une querelle.

César se laissa entraîner.

Quand ils furent dans la rue, M. de Maurelière lui serra le bras.

— Monsieur, lui dit-il, vous habitez donc votre maison ?

— Oui, depuis que ma mère est retirée.

— Quel appartement occupez-vous ?

— Celui du second.

— La chambre jaune ?

— Oui.

— Ah ! monsieur, monsieur, dit M. de Maurelière, dont l'émotion était fort grande, et c'est dans cette chambre que vous avez laissé la comtesse des Mazures ?...

César recula d'un pas.

— Quoi ! dit-il, vous avez entendu ?

— Tout ! Courons, monsieur !

— Mais... balbutia César, je ne comprends pas...

— Monsieur, dit M. de Maurelière, vous n'avez pas

le temps de comprendre. Qu'il vous suffise de savoir que la comtesse est une voleuse et une empoisonneuse !

César jeta un cri.

M. de Maurelière avait pris le pas de course.

Maintenant, César le suivait sans se faire prier.

On voyait de la lumière à travers les rideaux.

— Ah ! la vipère est toujours là-haut, dit M. de Maurelière qui reconnut la fenêtre de cette chambre qu'il avait habitée si longtemps. Ouvrez, monsieur, vous devez avoir une clé...

— Sans doute !

César tira une clé de sa poche et l'approcha de la porte.

Mais la porte était ouverte.

Alors M. de Maurelière sentit ses cheveux se hérisser, et César lui-même fut pris d'une vague épouvante.

Tous deux montèrent l'escalier sans lumière.

La porte du petit salon était, comme la porte d'entrée, entre-bâillée...

M. de Maurelière entra précipitamment, courut à la chambre jaune...

La chambre était vide ; la plaque de cheminée arrachée, gisait sur le parquet, et l'armoire de fer, qui avait dû contenir la cassette, était ouverte.

— Trop tard ! s'écria M. de Maurelière, qui porta

les deux mains à son front, tandis qu'il chancelait et paraissait prêt à se trouver mal, trop tard !...

LXII

César Blaisot s'était arrêté stupéfait au seuil de sa chambre.

Que signifiaient cette plaque de cheminée arrachée de son alvéole et gisant sur le parquet, et cette porte de fer qu'elle avait si bien dissimulée, qu'il en avait toujours ignoré l'existence, et ce cri de désespoir et de rage que venait de pousser M. de Maurelière ?

Ce dernier eut un moment de faiblesse et presque d'anéantissement, mais qui n'eut que la durée d'un éclair.

La cachette, fermée par la porte de fer, était vide, et dans la serrure de cette porte se trouvait encore la fausse clé que Toinon avait dû faire fabriquer dans la journée, grâce à l'empreinte à la cire qu'elle avait prise de la serrure.

Enfin, sur la table, au milieu de la chambre, se trouvait une lettre qui portait cette suscription :

A Monsieur Antinoüs-Apollon Blaisot de la Blaisotière.

M. de Maurelière prit cette lettre et la tendit à César.

Celui-ci se mordit les lèvres de colère.

Cette adresse grotesque lui prédisait ce que pouvait contenir ce message.

— Lisez! dit impérieusement M. de Maurelière.

En même temps il s'approcha de la fenêtre et plongea un regard ardent de l'autre côté de la rue, dans le jardin du vieil hôtel.

Il y avait des lumières aux fenêtres, ce qui était une preuve que la comtesse n'était point partie encore et que, probablement, derrière les murs de son hôtel, elle se souciait peu de la fureur du jeune Blaisot.

Celui-ci avait ouvert la lettre et lisait :

« Cher Adonis de mon cœur.

« Vous êtes le plus adorable imbécile que je connaisse, et vous avez passé vingt-quatre heures dans la douce persuasion que j'étais une femme capricieuse éprise de tous vos charmes.

« Il m'en coûte de vous désillusionner et de vous avouer la vérité.

« J'ai aimé, — jadis, — mais celui que j'aimais était un homme de qualité, et croyez bien que je suis trop délicate et trop spirituelle pour me frotter à un goujat.

« Quand on aime, on est imprudente, et j'ai eu

le tort, à cette époque, d'écrire une vingtaine de lettres que j'eusse payées depuis au prix de mon sang.

» Ces lettres, je ne le sais que depuis huit jours, étaient contenues dans un coffret, lequel coffret était enfermé dans une armoire de fer dissimulée par la plaque de cheminée que vous trouverez déplacée.

» Comment étaient-elles là? Je vais vous le dire encore.

» L'homme que j'ai aimé et qui est mort, du reste, a été le locataire de Mme votre mère, au temps où elle était une brave loueuse de chambres garnies et n'aspirait point aux grandeurs comme aujourd'hui.

» Maintenant, mon cher amour, vous devinez, n'est-ce pas?

» Hier soir, on vous a administré un joli narcotique, et pendant que vous rêviez être dans mes bras, ma femme de chambre et moi nous avons travaillé à la conquête de ma correspondance.

» Adieu, donc, cher ami, et laissez-moi vous donner un bon conseil : je suis trop haut placée pour que votre colère ou votre dépit me puissent atteindre.

« Gardez donc le secret de cette aventure et cherchez-vous des distractions appropriées à votre état.

« Que si, par impossible, vous ébruitiez cette histoire, ou veniez, dans un premier moment de dépit, toucher à ma porte, vous pourriez vous en repentir cruellement.

« Si, au contraire, vous vous tenez tranquille, si vous êtes bien sage, je vous promets ma protection pour obtenir le nom de Vaucresson que vous convoitez ; et, en attendant, je me dis.

Votre servante,

« L'INCONNUE. »

— Oh ! la misérable ! l'infâme ! s'écria César Blaisot en terminant la lecture de cette lettre.

M. de Maurelière, tandis qu'il lisait, avait reconquis toute sa présence d'esprit.

Il prit le bras de César et lui dit :

— Écoutez-moi, écoutez-moi bien.

— Parlez...

— Cette femme, qui vous a parlé d'amour, a menti.

— Oh ! fit César, je le vois bien !

— Elle vous parle de correspondance amoureuse, et ment encore...

— Hein ? fit Blaisot.

— Dans cette armoire, poursuivit M. de Maurelière, il y avait en effet un coffret.

— Ah !

— Et ce coffret contenait non point des lettres, mais des valeurs et des billets de caisse pour une somme énorme, quelque chose comme deux millions de livres.

— Est-ce possible ? s'écria César ahuri par un tel chiffre.

— Cet argent, poursuivit M. de Maurelière, je l'avais caché ici en quittant la France, et c'est pour le retrouver que j'ai écrit à votre mère...

— Ah ! je comprends, dit César.

— Non, pas encore, reprit M. de Maurelière. Cet argent n'est pas à moi. C'est la dot d'une orpheline, d'une pauvre enfant, dont cette créature a empoisonné la mère.

— Horreur ! exclama l'honnête César Blaisot.

— Eh bien ! continua le vieux gentilhomme, puisque vous êtes l'auteur involontaire du mal, il faut que vous m'aidiez à le réparer.

— Oh ! je le veux bien, dit Blaisot ; que faut-il faire ?

— Ecoutez. Ces deux femmes, en sortant d'ici, sont rentrées tranquillement chez elles.

— Oui, je vois de la lumière dans la chambre de la comtesse.

— La lettre que vous venez de lire témoigne de leur sécurité, et il est certain que si je ne vous avais appris la vérité, si, rentré seul ici, vous eussiez ajouté foi à ce qu'elle contient, vous auriez eu le bon esprit de vous taire.

— C'est vrai, di naïvement César.

— Elle ignore mon retour ; elle me croit mort peut-être. Cette femme dont tout le monde à Paris ignore l'existence, va se mettre au lit aussi tranquillement que si elle avait fait une bonne action.

Eh bien! il ne faut pas perdre une minute, il faut aller lui reprendre la cassette.

— Mais, dit naïvement Blaisot, nous aurons beau sonner à la porte, on ne nous ouvrira pas.

— Aussi n'entrerons-nous pas par la porte, dit froidement M. de Maurelière.

— Par où donc?

— Il y a longtemps que j'ai quitté Paris, et je ne suis revenu que ce soir ; mais j'ai bonne mémoire. Il y a une rue qui coupe à angle droit celle où nous sommes.

— La rue de l'Échaudé?

— Précisément. Eh bien ! le jardin de l'hôtel se prolonge jusqu'à cette rue, et à moins qu'on n'ait bâti...

— Non, dit César, le jardin est séparé de la rue de l'Échaudé par une simple muraille.

— Eh bien ! c'est là que nous entrons.

— En escaladant le mur ?

— Oui.

César Blaisot éprouvait une telle rage, son amour s'était subitement changé en une haine si féroce, qu'il dit à M. de Maurelière :

— Je suis prêt à faire tout ce que vous voudrez.

— Allons! dit froidement le vieux gentilhomme; en ce moment, les minutes valent des siècles.

Il ouvrit son manteau et montra à César une paire de pistolets qu'il avait à sa ceinture.

Ces pistolets étaient à deux coups.

— Prenez-en un, lui dit-il, et servez vous en si besoin est car ces créatnres ne sont pas des femmes, ce sont des bêtes féroces, qu'on peut tuer sans scrupule :

Et, en même temps, il s'assura que son épée jouait dans le fourreau.

— Mais, fit encore César, comment escalader le mur du jardin?

— Cette maison a toujours une cour?

— Sans doute.

— N'y a-t-il pas une échelle quelque part?

— Mais si, dit Blaisot, pardonnez-moi, je n'y pensais pas, il y a une longue échelle dont on se sert pour arriver au colombier, car ma mère a la faiblesse d'élever des pigeons, tout comme si, au lieu d'être à Paris, nous habitions la campagne.

— Venez donc alors, dit M. de Maurelière, et marchons sans bruit pour n'éveiller personne.

Blaisot, le pistolet d'une main, un flambeau de l'autre, passa le premier.

M. de Maurelière était calme et se disait en descendant l'escalier ;

— Comment la comtesse a-t-elle su où était la cassette ? je l'ignore. Mais il est probable qu'elle n'est pas venue à Paris pour une pareille expédition, suivie d'une légion de domestiques, et que nous n'aurons pas affaire à beaucoup de monde.

Au bas de l'escalier, dans lequel ils avaient marché sur la pointe du pied, César ouvrit une porte qui donnait sur la cour, et posant le flambeau sur la dernière marche, il dit à M. de Maurelière :

— Je vais chercher l'échelle ; mais elle est un peu lourde.

— Je vous aiderai à la porter, dit le vieux gentilhomme.

— Quelques minutes après, tous deux cheminaient dans cette rue de l'Abbaye, qui est aussi déserte le jour que la nuit, et dans laquelle les patrouilles ne songent même pas à passer, tant les habitants ont la réputation de gens paisibles qui se couchent de bonne heure.

Ils arrivèrent dans la petite rue de l'Echaudé sans avoir rencontré âme qui vive. D'ailleurs, la nuit était noire et le temps couvert.

M. de Maurelière appliqua l'échelle contre le mur du jardin et monta le premier.

Puis César Blaisot le suivit.

Alors, s'établissant tous les deux à califourchon sur le mur, ils retirèrent l'échelle et la passèrent de l'autre côté du mur.

Le jardin était plongé dans l'obscurité et le silence.

— Maintenant, dit M. de Maurelière, allons écraser les deux vipères.

Et il descendit encore le premier.

Le doux César Blaisot avait dans l'âme une tempête de fureur, et il se sentait capable de tirer sur la comtesse des Mazures comme sur un chien enragé...

Maintenant, faisons un pas en arrière, en nous reportant au moment où la comtesse des Mazures était allée ouvrir à Toinon.

Toinon rapportait la fausse clé; mais, comme la veille, elle s'était munie d'une lime et d'autres instruments qui, peut-être, ne seraient pas inutiles, au cas où sa clé ne s'adapterait qu'imparfaitement à la serrure.

Les deux femmes s'enfermèrent au verrou; puis Toinon se remit à l'œuvre et enleva la plaque qui, depuis le matin, ne tenait en quelque sorte que par un miracle d'équilibre.

La porte de fer découverte, la clé pénétra dans la serrure, mais elle ne tourna pas.

Alors Toinon prit la lime et se mit à la polir en tout sens.

Puis elle recommença l'épreuve. La clé ne tournait pas encore, mais on sentait qu'elle était près de tourner. Trois ou quatre coups de lime amenèrent le résultat désiré si ardemment.

Alors les deux femmes se regardèrent.

Elles avaient la sueur au front on eût entendu les battements de leur cœur.

— Allons! dit la comtesse, voilà que tu es aussi tremblante que moi.

— Si la cassette n'y était pas! dit Toinon d'une voix étranglée.

— Mais!...

Toinon reprit courage; la comtesse entendit le pène courir en grinçant deux fois coup sur coup dans la serrure, et la porte enfin s'ouvrit.

Alors elles purent voir une excavation d'environ trois pieds de profondeur, et, dans cette excavation, un petit coffre d'acier. La comtesse étendit ses mains fiévreuses et s'en empara.

Mais le coffret était fermé, et elles eurent beau chercher, elles ne trouvèrent pas la clé.

Il avait une certaine pesanteur, ce coffret; évidemment, en outre des papiers, des titres de rente et des billets de caisse, il devait contenir des diamants et des pierreries.

— Madame, dit alors Toinon, il ne faut pas songer à l'ouvrir : il faudra le briser ; par conséquent, courons chez nous.

— Sans refermer cette porte et sans replacer la plaque de la cheminée ?

— Ah ! ma foi ! tant pis ! dit la bohémienne.

— Non pas, dit Mme des Mazures, il ne faut pas que cet imbécile de César Blaisot soit tenté de courir après nous et d'ameuter tout le quartier en faisant part à tout le monde de la découverte qu'il aura faite de cette porte et de cette cachette.

— Mais il me faut plus d'une heure pour remettre les choses en place, dit Toinon.

— Et tu es pressée d'ouvrir le coffret ?

— Sans doute. Et puis.... il peuvent revenir... et alors... comme il n'est pas gris ce soir...

Un sourire vint aux lèvres de Mme des Mazures. En même temps elle entr'ouvrit son corsage et montra à Toinon la manche de nacre d'un petit poignard.

— Voilà de quoi me défendre, dit-elle ; mais nous n'en aurons pas besoin, car il me vient une idée. Laisse tout cela tu vas voir.

Et Mme des Mazures s'approcha d'une table sur laquelle il y avait du papier et de l'encre, et elle écrivit cette lettre de persiflage qui devait, une heure plus tard, exaspérer le naïf César Blaisot.

Puis les deux femmes se sauvèrent, laissant la porte de fer ouverte, la plaque de cheminée sur le sol, les portes de la chambre et du petit salon entrebâillées et les flambeaux allumés.

Elles ne songèrent même pas à tirer après elles la porte de la rue, qu'elles traversèrent en courant, et deux minutes après, elles étaient dans l'hôtel.

Le vieux suisse avait allongé la tête hors de son judas.

— C'est nous, dit Toinon.

La comtesse s'était retournée en même temps, disant :

— Si on vient sonner cette nuit, vous n'ouvrirez pas.

Mais comme le bonhomme s'inclinait, Toinon dit vivement.

— A moins que ce ne soit M. le comte des Mazures.

— Que veux-tu dire? exclama la comtesse étonnée.

— Madame, dit Toinon, il pourrait se faire que M. Lucien vînt cette nuit.

Et comme elles traversaient la cour d'honneur, se dirigeant en toute hâte vers le perron :

— Je ne vous en ai point parlé tout à l'heure, dit la bohémienne, parce que nous étions trop occupées du coffret et que d'ailleurs, je n'y pensais plus ; mais j'ai vu M. Lucien, vers cinq heures, en revenant de chez le serrurier qui a fabriqué la fausse clé.

— Mon fils est à Paris! exclama la comtesse avec émotion; il est donc revenu de Versailles ?

— Oui, madame, et il meurt du désir de se jeter à vos pieds et de vous demander pardon.

— Se pourrait-il?

— Et cela est mon œuvre, ajouta Toinon.

Elles remontèrent dans l'appartement de la comtesse et s'y enfermèrent.

Toinon jeta du bois dans la cheminée, alluma deux bougies, posa le coffret sur un guéridon et continua :

— Monsieur Lucien est allé à Versaille, il a obtenu une audience du roi, et le roi lui a accordé une lieutenance dans le régiment de Beauvoisis qui tient garnison à Beauvais. Il est donc revenu à Paris ce soir, et il comptait partir demain pour se rendre à Beauvais quand il m'a rencontrée.

— Mais où?

— Sur le quai, comme il se rendait au *Gagne-Petit*, l'auberge dont je vous ai parlé.

— Et il t'a abordée?

— C'est-à-dire qu'en me voyant il s'est arrêté tout

pâle et tout frémissant; puis il a voulu m'éviter; mais je suis allée à lui, et lui prenant le bras :

« Monsieur le comte, lui ai-je dit, à vos yeux je suis une misérable, une empoisonneuse, et je vous fais horreur; peu m'importe! mais si je suis ici, si depuis trois jours je vous cherche dans tout Paris, c'est que je veux vous dire la vérité, c'est que je veux que vous soyez poursuivi par le remords éternel d'avoir tué votre malheureuse mère par vos injustes accusations. »

Ces paroles ont produit sur lui une vive impression; cependant, il a eu un geste de dénégation qu'il a accompagné de ces mots :

— Je sais à quoi m'en tenir...

La nuit approchait, nous étions seuls, et le quai était désert. Je tenais toujours M. Lucien par le bras.

— Vous m'écouterez, lui dis-je, et si vous ne me croyez pas, je consens à ce que vous me jetiez dans la Seine.

Alors je lui ai dit que vous étiez innocente de la mort de Gretchen, et que c'était le chevalier, son oncle, qui était le seul coupable.

Je lui ai raconté, avec des sanglots et une éloquence mouillée de larmes, une histoire si touchante qu'il s'est mis à pleurer, lui aussi, et qu'il voulait partir sur-le-champ pour Beaurepaire, afin de s'aller jeter à vos genoux.

— Mais votre mère est ici ! me suis-je écriée.

J'ai cru qu'il allait mourir de joie. Alors je lui ai dit que vous aviez appris qu'il était à Versailles et que vous étiez partie pour l'y chercher, que très-certainement vous ne reviendriez que fort avant dans la nuit, et que je l'engageais à rentrer à son auberge et à y attendre le jour. Peut-être n'arrivera-t-il que demain matin, mais peut-être aussi viendra-t-il au premier moment, surtout s'il aperçoit de la lumière aux fenêtres.

— Alors, dit la comtesse en embrassant Toinon, hâtons-nous d'ouvrir le coffret.

Il n'y avait personne dans l'hôtel que la comtesse et la bohémienne, et elles pouvaient faire du bruit à leur aise.

Le pavillon du suisse était trop loin pour qu'il pût rien entendre

Toinon prit le coffret et l'examina en tous sens.

Puis elle le posa sur le sol, s'arma du marteau et frappa un coup violent sur le couvercle. Le coffret rendit un bruit sec et le marteau rebondit.

Toinon secoua la tête.

— C'est de l'acier bien trempé, dit-elle, et il faut renoncer à le briser. Mais on peut limer les ferrures qui servent d'attaches au couvercle.

— Sera-ce long ? demanda la comtesse, qui attachait sur le coffret des yeux avides.

— Non, une heure à peu près.

Toinon s'approcha de la fenêtre et regarda de l'autre côté de la rue.

Elle vit une ombre derrière les rideaux de César Blaisot.

— Madame, dit-elle, je crois que le bélitre est rentré.

— Bien ! tant mieux, et il faut espérer qu'il n'aura pas la tentation, ma lettre lue, de venir nous relancer ici.

Toinon s'empara de la lime, mit le coffret entre ses genoux et attaqua les attaches de cuivre du couvercle.

Au bout d'un quart d'heure, la comtesse vit une des ferrures se détacher.

— La besogne avance, dit Toinon.

Mme des Mazures s'approcha à son tour de la fenêtre.

Il y avait toujours de la lumière dans la chambre de César, mais l'ombre aperçue par Toinon n'était plus là.

— Allons, dit-elle, il est plus résigné que je ne pensais ; il se sera mis tranquillement au lit.

Et elle revint auprès de Toinon qui limait toujours.

Tout à coup celle-ci tressaillit et s'arrêta brusquement.

— Qu'as-tu donc? fit la comtesse étonnée.

— Il me semble que j'ai entendu marcher.

— Où cela?

— Dans la cour.

— Quelle folie! dit la comtesse.

Elle passa dans la pièce voisine, dont les fenêtres donnaient sur la cour, et se pencha à l'une d'elles.

La nuit était noire, le silence profond.

— Je n'ai rien vu ni rien entendu, dit-elle.

Toinon se remit à la besogne.

Déjà trois ferrures sur quatre étaient séparées de leurs gonds, et la quatrième ne tenait plus que par un bout, lorsque Toinon s'arrêta encore.

— Oh! cette fois, dit-elle, ce n'est pas une illusion.

— Mais quoi donc? fit la comtesse qui n'avait plus d'autre préoccupation que le coffret.

— On monte l'escalier, dit Toinon.

— C'est Lucien, peut-être...

— Non, j'entends les pas de plusieurs personnes.

Et tandis que Toinon disait cela d'une voix étranglée, les pas retentirent dans le corridor, s'arrêtèrent tout à coup, puis, la porte enfoncée d'un coup de pied, vola en éclats et les deux femmes jetèrent un cri.

M. de Maurelière, l'épée à la main, et César Blaisot étaient sur le seuil.

Il y avait vingt ans que la comtesse n'avait vu M. de Maurelière, mais elle le reconnut.

Et elle se jeta sur le coffret qu'elle couvrit pour ainsi dire de son corps.

LXIV

Il s'écoula dix secondes, qui eurent la longueur d'un siècle.

Pendant ces dix secondes, Mme des Mazures couvrit le coffret de son corps; Toinon, qui s'était levée précipitamment, demeurait maintenant immobile et attachait un œil hébété sur ces deux hommes.

Quant à ceux-ci, ils étaient restés sur le seuil, n'avaient pas fait un pas, n'avaient pas prononcé un mot.

Ce fut la comtesse qui, la première, rompit ce silence effrayant.

— Les morts reviennent donc! fit elle.

Alors M. de Maurelière fit un pas en avant:

— Oui, madame, dit-il, les morts reviennent, o

plutôt les vivants repassent les mers pour surprendre et châtier les voleurs et les assassins !

La comtesse était pâle et frémissante.

Ses deux mains crispées sur le coffret dans l'attitude d'une panthère qui tient sa proie pantelante sous ses griffes, elle soutint l'œil chargé de colère et de mépris du vieux gentilhomme.

— Les voleurs, dit-elle, sont ceux qui s'introduisent la nuit, et armés, dans une maison habitée. Quant aux assassins dont vous parlez, je ne sais, en vérité, ce que vous voulez dire.

Elle était si belle de fureur et d'audace, en ce moment, que César Blaisot qui, tout à l'heure, eût fait feu sur elle au moindre signe, se sentit terrassé et redevint la proie de cette fascination mystérieuse qu'il avait déjà subie.

M. de Maurelière fit un pas encore vers la comtesse.

— Madame, dit-il, c'est empoisonneurs et non assassins que j'aurais dû dire, et vous m'eussiez compris tout de suite. Maintenant, les voleurs...

— Où sont-ils? fit la comtesse.

— Les voilà.

Et M. de Maurelière étendit la main vers elle et vers Toinon.

Toinon n'avait pas encore dit un mot; mais l'infernale bohémienne avait retrouvé, en un clin d'œil, toute sa présence d'esprit et elle vint au secours de la princesse.

— Eh! par exemple! dit-elle avec un éclat de rire, et monsieur, que je ne connais pas et qui vient ici l'épée au poing, nous expliquera peut-être ce que nous ne comprenons pas, n'est-ce pas, madame?

M. de Maurelière, son épée d'une main, son pistolet de l'autre, tenait la vie de ces deux femmes, et il pouvait se montrer patient et même courtois.

— Madame la comtesse, dit-il, je suis entré chez vous avec monsieur, non par la porte, mais à l'aide d'une échelle, en escaladant un mur, et, si on se fiait aux apparences, c'est moi qui serais un voleur.

La comtesse et Toinon avaient eu le temps d'échanger un regard fugitif et elles s'étaient comprises.

Il n'est jamais de situations désespérées quand on peut gagner du temps.

M. de Maurelière reprit:

— Cependant, ce n'est pas moi le voleur, c'est vous!

— Ah! vraiment? dit la comtesse d'une voix ironique.

— Et l'objet volé, le voilà!

En même temps, M. de Maurelière porta la main sur le coffret que la comtesse tenait toujours sous ses mains.

— Rendez-moi cet objet, ajouta-t-il, et je m'en irai sans bruit, sans esclandre, comme je suis venu.

César n'était point entré dans la chambre; il était toujours sur le seuil, muet, immobile et les bras ballants.

M. de Maurelière était prêt à se porter à toutes les extrémités violentes pour ravoir le coffret; néanmoins, il ne l'arracha point aux mains de la comtesse.

Il était si sûr de sa force à un moment donné, qu'il eut la courtoisie de parlementer encore.

— Madame, répéta-t-il, vous vous êtes introduite chez ce jeune homme.

Et il montrait César Blaisot.

— Après? dit la comtesse.

— Vous avez scié une plaque de cheminée, forcé une serrure, et vous vous êtes emparée de ce coffret.

— Cela est vrai, dit tranquillement Mme des Mazures.

— Et ce coffret est à moi.

— Je ne le crois pas.

— En vérité ! fit M. de Maurelière.

— Ce coffret, reprit-elle froidement, renferme des lettres de moi, comme je l'ai écrit à ce jeune homme.

Et elle adressa à César Blaisot un regard moitié

suppliant et moitié hautain qui lui fit baisser les yeux.

— Allons! pensa-t-elle, celui-là n'est plus à craindre. Voyons à tenir tête à l'autre.

— Madame, continua M. de Maurelière, il me répugne de porter la main sur une femme, il me répugne plus encore d'avoir des armes à la main, en présence de gens désarmés; veuillez me rendre le coffret.

— J'y suis toute disposée, si vous me prouvez qu'il est à vous, dit la comtesse avec un sang-froid superbe.

M. de Maurelière tomba dans le piége.

— Ce coffret, dit-il, m'a été confié par le comte des Mazures, votre beau-frère, la veille de sa mort.

— Vraiment?

— Et vous savez aussi bien que moi ce qu'il renferme.

— Vous croyez?

— La preuve en est que vous vous êtes introduite, pour le voler, dans cette chambre où je l'avais caché, il y a près de vingt ans. Comment avez-vous eu mon secret? je l'ignore; mais le coffret est en vos mains et il faut me le rendre.

La comtesse ne sourcilla point.

— Monsieur, répondit-elle, je suis en votre pouvoir, et vous pourrez user de violence quand bon vous semblera. Cependant j'espère encore que vous vous conduirez en gentilhomme et que vous daignerez discuter avec moi cette question de propriété.

— Soit, dit M. de Maurelière, qui ne surprit pas le nouveau regard que la comtesse échangea avec Toinon, muette et impassible comme la statue du Destin, et jetant de temps à autre un regard sur la pendule de la cheminée comme si elle eût attendu quelque important événement.

— J'admets la sincérité de vos paroles, poursuivit Mme des Mazures : ce coffret vous a été confié?

— Oui.

— Par mon beau-frère, le comte des Mazures, la veille de sa mort.

M. de Maurelière s'inclina.

— Que renferme-t-il, le savez-vous?

— Oui, mais c'est mon secret.

— Monsieur, dit la comtesse, puisque vous êtes le dépositaire de ce coffret, vous devez en avoir la clé?

A cette question. M. de Maurelière tressaillit.

— Non, dit-il, je n'ai pas cette clé; elle n'est pas ici, elle est dans la chambre de M. Blaisot, cachée dans la corniche du plafond.

— Je veux bien vous croire encore, poursuivit la comtesse; permettez-moi seulement une objection.

— Parlez.

— Vous n'ignorez pas que j'ai été l'héritière par moitié de M. des Mazures, mon beau-frère.

— En effet.

— Si ce coffret vient de lui, à moins qu'il ne renferme ou que vous ne possédiez, ou que vous n'ayez un document quelconque il doit me revenir.

— En effet, dit M. de Maurelière, et le document dont vous parlez existe.

— Où est-il ?

— Dans le coffret.

— Alors, voulez-vous permettre que nous achevions de briser cette ferrure ?

Et elle regarda encore Toinon.

— Maîtresse, dit alors la bohémienne, il y a quelque chose de plus simple et de moins long.

— Quoi donc ? demanda la comtesse avec une naïveté à laquelle, malgré sa vieille expérience, M. de Maurelière se laissa prendre.

— Monsieur n'a-t-il pas dit que la clé était cachée dans la chambre de M. César ?

— Oui, dit M. de Maurelière.

— Eh bien ! qu'il lui indique l'endroit précis, et M. César ira la chercher.

— Je le veux bien, dit Blaisot, repris par son amour pour la comtesse et qu'un regard de celle-ci rendit esclave.

— Oh ! comme vous voudrez, fit M. de Maurelière, pourvu que le coffret reste là.

— Je suis une femme, je suis sans armes, vous avez un pistolet au poing et une épée à la main, dit la comtesse avec une pointe d'ironie, vraiment, vous n'avez pas grand'chose à craindre.

Alors M. de Maurelière se tourna vers César.

— Mon ami, dit-il, la clé dont je parle est cachée dans les frises de la corniche, au coin gauche de la cheminée. Vous la trouverez enveloppée dans un chiffon de papier.

— J'y vais, dit César, enchanté de se rendre utile et ayant au cœur comme un vague espoir que la comtesse allait lui pardonner.

— Eh bien ! dit à son tour Toinon, je vais y aller avec vous. Grâce à moi, le suisse vous ouvrira la porte, ce qui est beaucoup plus simple que d'escalader les murs.

M. de Maurelière, comme l'avait fait remarquer la comtesse, était maître de la situation. Que pouvaient contre lui deux femmes désarmées ?

Et encore, de ces deux femmes, il n'allait en rester qu'une, puisque Toinon accompagnait César.

— Qu'il soit fait ainsi que vous le désirez, dit-il donc, mais à la condition que vous remettrez ce coffret sur la table, et que vous n'y toucherez pas.

La comtesse lâcha le coffret.

M. de Maurelière était trop loyal pour y toucher lui-même.

César et Toinon sortirent, et il demeura seul en présence de Mme des Mazures, attendant patiemment que César Blaisot revînt avec la clé.

. . . . , ...

— Mais César ne devait pas revenir.

La bohémienne le prit par la main, le conduisit vers l'escalier et lui dit :

— Prenez garde de vous casser le cou, et appuyez-vous sur moi.

César descendit.

Mais tout à coup, au milieu de l'escalier, la bohémienne s'arrêta.

— Que faites-vous ? dit César.

— Tu vas le voir, imbécile, répondit-elle.

Elle s'était baissée vivement, avait pris un poignard qu'elle portait à sa jarretière, en vraie fille d'Egypte qu'elle était, et César n'eut pas le temps de faire une nouvelle question, car ce poignard disparut tout entier dans sa gorge.

Et César, rendant un léger soupir, s'affaissa comme un corps inerte dans les bras de Toinon, qu'il couvrit de son sang.

. . . .

LXV

Toinon n'avait pas frappé César Blaisot avec la pensée unique de se débarrasser de lui. César n'était pas si dangereux, mais le sang du pauvre diable et probablement son cadavre étaient nécessaires à la mise en scène qu'elle avait imaginée pour sauver le coffret et sa bonne maîtresse.

Peut-être Mme des Mazures n'avait-elle pas deviné le plan tout entier de Toinon, mais à coup sûr elle avait compris une chose : c'est que la bohémienne allait trouver le moyen de se débarrasser de Blaisot et de revenir ensuite avec du secours.

Qui sait même si Lucien n'arriverait pas assez à temps pour la sauver?

Toinon laissa donc César s'affaisser sur les marches de l'escalier.

Puis elle descendit sans bruit au rez-de-chaussée, se procura de la lumière et remonta jusqu'à l'endroit où gisait le pauvre héritier de la noble maison de Vaucresson.

César respirait encore, mais il ne pouvait parler, et son œil était déjà voilé par l'agonie.

— Bon! pensa Toinon, ce n'est pas lui qui racontera la vérité.

Puis elle tint un moment conseil avec elle-même, comme on dit.

Lucien lui avait promis de venir.

Le jeune comte avait fini par la croire, et elle l'avait laissé convaincu qu'il avait calomnié sa mère.

Il était donc probable qu'il viendrait rôder au petit jour aux environs de la rue de l'Abbaye, et que, apercevant de la lumière dans l'hôtel, il n'hésiterait pas à frapper.

Or, Lucien, c'était le salut, et son épée ferait justice au besoin du vieux Raoul de Maurelière.

Mais Lucien pouvait se faire attendre aussi, Lucien pouvait ne venir qu'au petit jour, et M. de Maurelière, impatienté, n'attendrait pas son retour, et s'emparerait violemment du coffret.

A une faible distance de l'hôtel, au carrefour Buci, il y avait bien un poste de gens de police.

Toinon irait-elle les chercher?

L'échelle qui devait se trouver dans le jardin, le cadavre de César Blaisot, le sang dont elle était couverte, tout cela pouvait, à première vue, tromper ces braves gens et leur faire prendre M. de Maurelière pour un voleur; mais l'erreur ne pourrait se prolonger longtemps.

On reconnaîtrait César Blaisot pour un paisible habitant du quartier; M. de Maurelière s'expliquerait, prouverait que la comtesse avait volé le coffret, et le coffret confisqué provisoirement serait probablement ouvert en presence d'un magistrat.

Donc, aller avertir la police était un moyen dangereux.

Il ne fallait pas davantage songer à éveiller le suisse : le suisse connaissait parfaitement César Blaisot, et il ne supposerait même pas que le malheureux jeune homme se fût introduit dans l'hôtel avec une pensée coupable.

Un seul homme pouvait se tromper à tout cela, et cet homme, c'était Lucien.

Toinon fit toutes ces réflexions en six secondes, regardant d'un œil calme César qui se tordait dans les dernières convulsions de l'agonie.

Tout à coup, un bruit arriva à son oreille.

Ce bruit était celui de la sonnette qui correspondait avec la loge du vieux suisse.

Toinon tressaillit.

— Ah! pensa-t-elle, voilà Lucien !

Elle avait posé la lampe dans l'escalier, à trois marches au-dessus du corps de César Blaisot.

Au lieu de courir à la rencontre du jeune comte, elle demeura accroupie sur l'escalier, les vêtements couverts de sang et son poignard à la main...

Le bruit de la porte cochère se refermant arriva jusqu'à elle; puis elle entendit un colloque entre la personne qui entrait et le suisse, puis encore un pas rapide qui traversait la cour.

Dès lors, elle ne douta plus; elle avait reconnu les pas de Lucien.

— Nous sommes sauvées, pensa-t-elle, à la condition de prouver à M. le comte que le bonhomme est un voleur.

Or, il y avait à Paris, à cette époque-là, un personnage insaisissable et qui avait mis la police sur les dents.

Ce personnage, héritier lointain de Cartouche, avait fait partie de la bande d'un brigand fameux, Gaspard de Bresse, qui avait longtemps désolé le midi de la France, et qui fut rompu vif à Aix-en-Provence.

Ce personnage avait nom, disait-on, le chevalier de Comberousse.

C'était un vieillard du meilleur ton, qui sentait son gentilhomme d'une lieue, portait la croix de Saint-Louis, se donnait pour un officier revenant d'Amérique, s'introduisait dans les maisons, captait la confiance de leurs habitants et les dévalisait.

M. de Maurelière était vieux, et sa présence insolite dans l'hôtel à cette heure avancée de la nuit, lui donnait une furieuse ressemblance avec le bandit qui faisait trembler tout Paris, et dont certainement Lucien avait entendu parler.

Et comme Toinon se disait cela, le jeune comte
[ent]ra dans le vestibule, aperçut de la lumière dans
[l'es]calier, leva la tête et ne vit d'abord que la bohé-
[mi]enne.

Toinon brandissait son poignard, avait les che-
[ve]ux en désordre, le visage bouleversé et elle était
[cou]verte de sang.

Lucien étouffa un cri, car il la vit poser un doigt
[à] ses lèvres.

En même temps, elle se rangea contre la rampe
[et] démasqua le corps pantelant de César Blaisot.

Le jeune comte sentit ses cheveux se hérisser.

Alors Toinon descendit vers lui, le prit par le bras
[et] lui dit tout bas, mais d'une voix fiévreuse.

— Si vous jetez un cri, votre mère est perdue!...

Lucien la regarda d'un œil hébété.

— Quel est cet homme? dit-il.

— Un voleur, je l'ai tué...

— Mais... ma mère...

— Là-haut... dans sa chambre... au pouvoir d'un
[aut]re...

Lucien avait vivement porté la main à la garde
[de] son épée.

[I]l voulut gravir l'escalier quatre à quatre.

Toinon le retint et d'une voix affolée.

— Ecoutez-moi donc... écoutez... fit-elle.

— Parle!

— Le voleur qui est en haut est le chevalier de Comberousse.

Lucien pâlit.

— Il vous racontera quelque histoire de l'autre monde, ne le croyez pas... et fondez sur lui l'épée à la main.

Lucien n'en entendit pas davantage.

Il monta en courant. Toinon le suivit.

. . . .

Mme des Mazures avait compris que si Toinon accompagnait César Blaisot, c'est qu'elle allait se débarrasser de lui et chercher du secours.

Il fallait donc gagner du temps et endormir la défiance du vieux gentilhomme, dont le regard ne quittait pas le coffret.

— Monsieur, lui avait-elle dit quand la porte s'était refermée, si le coffret renferme un document de la main de feu mon beau-frère établissant que c'est votre propriété, je m'inclinerai; mais si ce document n'existait pas...

— Il existe, dit M. de Maurelière.

— Alors, vous savez ce que contient le coffret?

— Aussi bien que vous.

— Moi? dit-elle naïvement, mais... je l'ignore...

M. de Maurelière haussa les épaules.

— Seulement, poursuivit la comtesse, en admet-

t qu'il renferme des valeurs, à quel titre M. des
zures vous les aurait-il laissées ?

Cette question fit tressaillir le vieux gentilhomme,
ne s'y attendait pas.

— Mais, dit-il avec embarras, M. des Mazures
ait le droit de disposer de tout ou partie de sa
tune.

— Et de vous en faire le dépositaire, n'est-ce pas ?

La comtesse prononça ces mots avec un accent
ronie, auquel le vieux gentilhomme ne put se
mper. Evidemment, elle savait tout.

— Dites-moi, reprit-elle avec un sourire, n'avez-
us pas passé un matin, voici bien longtemps,
inze ou vingt ans peut-être, par le couvent de la
ur-Dieu ?...

M. de Maurelière pâlit.

— Et n'avez-vous pas confié une petite fille à un
geron appelé Dagobert ?

Cette fois, M. de Maurelière comprit que la com-
se possédait son secret tout entier, et qu'il fallait
ler cartes sur table.

— Eh bien ! dit-il, ce coffret est pour la petite
le dont vous parlez.

— Je le sais, répliqua froidement la comtesse, et
st pour elle que je suis venue à Paris le chercher.

— Pour elle ! s'écria M. de Maurelière avec une
plosion d'indignation, pour elle !

En ce moment, on entendit la sonnette, puis le bruit de la porte qui se refermait.

— Voici la clé, pensa M. de Maurelière.

— Voilà Toinon qui revient avec mon fils, se dit également la comtesse.

Puis, regardant M. de Maurelière :

— Oui, lui dit-elle, c'est pour *elle*. La petite est devenue une grande et belle jeune fille, dont mon fils est amoureux et qu'il veut épouser.

— Jamais ! s'écria M. de Maurelière.

— Mon fils est un galant homme.

— Oui, mais il est votre fils, dit le vieillard avec un accent de mépris suprême.

Et comme il disait cela, Lucien des Mazures ouvrit brusquement la porte, et, l'épée à la main, fit irruption dans la chambre en criant :

— A nous deux, misérable !

Son attaque fut si vive que M. de Maurelière, bien qu'il eût lui-même l'épée à la main, eut à peine le temps de se mettre en garde.

— Ah ! mon fils ! mon bien-aimé fils !... cria la comtesse d'une voix affolée... tu arrives à temps... cet homme est un assassin et un voleur !...

— Je le sais, dit Lucien.

Et il se rua sur le vieillard avec furie.

Lucien avait vingt ans et M. de Maurelière soixante ; l'un était dans toute la force et l'impétuosité de la jeunesse ; l'autre avait les cheveux blancs, la taille courbée, et il eût semblé, à première vue, que le jeune homme devait remporter une facile victoire.

Mais M. de Maurelière était un vieux soldat, il avait guerroyé pendant quarante années et sous tous les climats ; il avait vécu à Versailles au temps des duellistes fameux, et il s'était mesuré avec le chevalier de Saint-Georges.

L'épée de Lucien rencontra donc une épée, et au premier froissement du fer le jeune homme comprit qu'il avait un adversaire digne de lui.

La comtesse des Mazures avait trouvé bon de jeter un dernier cri et de tomber en syncope.

Ce qui fit que Toinon s'élança vers elle, prit le coffret et le fit disparaître sous ses robes, tout en ayant l'air de prodiguer ses soins à sa maîtresse.

Depuis quinze secondes le fer heurtait le fer, et M. de Maurelière n'avait point prononcé un mot.

Enfin le vieux gentilhomme s'écria :

— Monsieur, vous le voyez, on ne vient pas à bou de moi aussi facilement.

— Ah ! je sais que vous êtes un coquin habile, riposta Lucien.

— Je n'ai jamais été un coquin.

— Un coquin et un voleur.

— Vous êtes fou !

— Qu'on appelle le chevalier de Comberousse.

Le vieillard, qui continuait à parer avec le plus grand sang-froid, partit alors d'un tel éclat de rire que Lucien en tressaillit.

— Oh! dit-il, je vois ce que c'est; Toinon, la fille à la langue de vipère, vous a fait quelque histoire. Est-ce donc elle qui vous a dit que j'étais ce voleur fameux qu'on appelle Comberousse?

— Oui, je le crois.

En même temps, Lucien porta au vieux gentilhomme un vigoureux coup d'épée; mais le coup fut paré.

— Monsieur, reprit celui-ci qui n'attaquait plus et se contentait de se défendre, je suis le chevalier de Maurelière, ancien garde du corps et récemment officier d'ordonnance, en Amérique, du général Lafayette.

— Je ne vous crois pas, dit Lucien avec fureur.

La chambre était étroite; le vieillard qui ne voulait pas tuer Lucien, et tenait à se défendre assez longtemps pour lui expliquer sa présence dans l'hôtel, était souvent obligé de rompre; ils avaient fini par faire le tour de la table, l'un rompant, l'autre attaquant.

Toinon poussait des cris lamentables, penchée sur la comtesse des Mazures évanouie.

— Monsieur, dit encore M. de Maurelière, que vous persistiez à me prendre pour le chevalier de

Comberousse, un voleur et un assassin, soit, mais vous m'accorderez que je me bats en galant homme, car j'ai eu deux fois déjà l'occasion de vous tuer, et n'en ai point usé ; à ce titre, il me semble, vous devez m'écouter.

La voix du vieillard était sonore, elle avait une grande expression de franchise, et Lucien sentit tout à coup des doutes s'élever dans son esprit.

Mais il continua à presser M. de Maurelière avec une grande animation et une prodigieuse vitesse de jeu.

Le vieux gentilhomme poursuivit :

— Est-il bien convenable, Monsieur, que nous nous battions ici, dans cette chambre, à deux pas de votre mère évanouie, alors qu'il y a un jardin attenant à cette maison.

— Soit, Monsieur, dit Lucien, descendons au jardin ; mais partez le premier, je vous prie, et ne cherchez pas à fuir, car je vous enfoncerais mon épée dans les reins.

La lampe que Toinon s'était procurée au rez-de-chaussée, après avoir frappé César Blaisot, et qui, à vrai dire, était une lanterne, avait été déposée par elle à l'entrée du corridor.

Lucien la prit de la main gauche.

— Marchez, Monsieur, dit-il, je vous suis.

Le chevalier de Maurelière se mit en marche, arriva à l'escalier et tout à coup s'arrêta frémissant.

Il venait d'apercevoir le corps de César Blaisot en travers des marches, baignant dans son sang et ne donnant plus signe de vie. Il crut que Lucien, avant d'arriver à la chambre de sa mère, avait rencontré le pauvre César, et l'avait tué, et il s'écria :

— Ah ! Monsieur, qu'avez-vous fait ?

— Moi ? rien, dit Lucien. Cet homme est un de vos complices, et c'est Toinon qui l'a tué en se défendant.

— Qui l'a assassiné ! voulez-vous dire, s'écria le vieillard avec un accent désespéré. Un voleur, lui ? C'est un brave et digne jeune homme... le fils d'une femme du voisinage. Ah! que son sang retombe sur ma tête et la vôtre, Monsieur ! Sur la mienne, parce que je suis la cause indirecte de sa mort; sur la vôtre, parce que vous ne voulez pas me croire.

Et le vieillard, enjambant le corps du malheureux César, arriva au bas de l'escalier.

Dès lors il ne parla plus, il ne chercha plus à éclairer Lucien et à lui faire comprendre sa visite.

Il marcha vers le jardin, s'arrêta au pied d'un arbre, fit volte-face et dit :

— A vos ordres, Monsieur.

Lucien posa la lanterne sur le gazon et ses rayons éclairèrent, de bas en haut, le combat qui recommença.

Quelques gouttes de sueur perlaient au front du jeune comte des Mazures.

Quel était ce vieillard qui défendait si vaillamment sa vie ?

Evidemment, Toinon s'était trompée ou elle avait menti.

Cet œil calme, cette voix sonore, cette bravoure chevaleresque ne pouvaient cacher un bandit.

Mais Lucien avait trouvé cet homme chez sa mère au milieu de la nuit, et Lucien avait peur de comprendre qu'il y fût venu pour remplir un rôle de justicier.

Il se remit donc à attaquer M. de Maurelière avec fureur.

M. de Maurelière se défendit vaillamment, mais il ne chercha point à blesser son adversaire.

Enfin, celui-ci exaspéré s'écria :

— Mais vous êtes donc invulnérable !

— Ce n'est pas comme vous, répondit le vieillard avec une ironie mélancolique, car j'ai pu vous tuer déjà une douzaine de fois.

— Pourquoi donc ne l'avez-vous pas fait ?

— Parce que je n'ai aucune haine pour vous.

— Mais que venez-vous donc faire ici ?

— Reprendre mon bien.

— Votre bien ?

— Oui.

— Je ne vous comprends pas, dit Lucien ferraillant toujours.

— Monsieur, dit M. de Maurelière, vous êtes bien le fils de Mme des Mazures ?

— Oui, certes, vous l'avez entendu.

— Eh bien ! cette nuit même, votre mère a volé un coffret...

— Vous en avez menti par la gorge ! s'écria Lucien d'une voix étranglée... Défendez-vous, Monsieur, défendez-vous! Il me faut tout votre sang... car vous venez d'insulter ma mère.

Et Lucien puisa dans ses propres paroles une vigueur nouvelle.

Peut-être une voix secrète lui criait-elle que ce vieillard avait dit vrai; et que sa mère...

Mais un fils ne doit pas entendre accuser sa mère, fût-elle coupable.

Le combat recommença terrible, acharné.

Lucien, haletant, furieux, attaquait toujours; le vieillard rompait et parait, mais jamais son épée ne cherchait le chemin de la poitrine de Lucien.

Cette générosité lui fut fatale.

A force de rompre, il se heurta à un caillou, fit un faux pas et se découvrit l'espace d'un quart de seconde.

L'épée de Lucien fila et disparut tout entière dans sa poitrine.

Le vieillard jeta un cri et tomba tout d'une pièce.

Alors Lucien ému, stupide, demeura un moment la bouche béante, les yeux hagards, épouvanté de sa victoire.

Puis, tout à coup obéissant à sa généreuse nature il eut comme une espérance de n'avoir point tué cet homme; et, s'emparant de la lanterne, il se courba sur le corps de son adversaire, qui respirait encore, mais qui venait de rendre une gorgée de sang.

Affolé, au désespoir, Lucien avait jeté son épée loin de lui ; il soulevait le vieillard sous ses bras ; il lui parlait, l'appelait, lui demandait pardon.

Il le traîna ainsi quelques pas et l'adossa à un arbre.

M. de Maurelière n'était pas mort, mais il rendait par la bouche des flots de sang.

Son œil sans colère était fixé sur Lucien et semblait lui dire :

— C'est la fatalité qui a armé votre bras. Je vous pardonne !

En même temps, il souleva un de ses bras et porta la main à sa gorge.

Lucien comprit ce geste.

Le vieillard étouffait, serré qu'il était dans son justaucorps.

Alors Lucien s'empressa de dégraffer le vêtement,

et comme le vêtement s'ouvrait, mettant à découvert la poitrine ensanglantée du vieillard, un médaillon qu'il portait au cou lui apparut, éclairé par un rayon de la lanterne. Ce médaillon, en tout semblable à celui que la comtesse Aurore avait trouvé dans les papiers de sa mère, était également un portrait de cette malheureuse Gretchen que Raoul de Maurelière et le comte Armand de Beauvoisin avaient tant aimée; et ce portrait, comme l'autre, était la vivante image de Jeanne, la pupille du forgeron.

Et Lucien sentait ses cheveux se hérisser, et il crut qu'il avait tué le père de Jeanne, élargissant ainsi l'abîme qui déjà le séparait d'elle !

. . . .

LXVII

Tandis que la comtesse des Mazures et sa fidèle Toinon volaient le coffret, tandis que l'infortuné M. de Maurelière revoyait la France et Paris, où il devait tomber sous l'épée fatale de Lucien, d'autres événements s'étaient accomplis là-bas, au bord de la forêt d'Orléans, dans ce pays où se sont déroulées les premières pages de notre histoire.

D'abord les gens d'Ingrannes et de Sully avaient

été bien étonnés, un matin, d'apprendre ce qu'ils avaient appris.

Or, ils avaient appris que la demoiselle Jeanne, la filleule de Dagobert, la pupille des moines, avait quitté la forge.

Où était-elle allée ?

C'était à peine croyable, et les anciens, les gens d'âge, avaient même secoué la tête d'un air de doute.

Jeanne était allée loger au château de la Billardière, chez le père de la comtesse Aurore, qui lui avait donné le nom de sœur.

Et le bruit s'était encore répandu que Jeanne était bien la sœur d'Aurore.

Un dimanche soir, au cabaret de Sully-la-Chapelle, Jacques Bridou, ce même homme qui avait osé tuer un cerf devant la meute de l'altière comtesse, causait avec notre vieille connaissance Benoît le bossu, et leur conversation va nous apprendre bien plus clairement encore tous les miracles qui s'étaient accomplis dans l'espace d'un mois, car il y avait un mois que les deux jeunes filles s'étaient jetées dans les bras l'une de l'autre en reconnaissant le lien mystérieux qui les unissait.

— Si tout ce que tu me dis là est vrai, disait Jacques Bridou, il faut convenir que les nobles commencent à avoir peur.

— Peur de quoi donc? fit naïvement Benoît.

— Du peuple, donc.

— Maître Jacques, répondit Benoît, je ne sais pas trop ce que vous voulez dire, mais ce que je vous dis, moi, est la pure vérité.

— Ta parole?

— M. le chevalier des Mazures n'est plus le même homme.

— Grand bien lui fasse!

— Vous savez qu'il a été au plus mal, voici un mois, et qu'on a cru qu'il allait mourir.

— Est-ce que ça meurt ces gens-là? dit Jacques Bridou, le rancunier paysan, en haussant les épaules.

— Pourquoi donc pas? reprit Benoît. Enfin, il était si bas à un moment, que le père Jacob, le rebouteux d'Ingrannes, avait dit qu'il ne passerait pas la nuit.

— Eh bien, il en est revenu pourtant?

— C'est-à-dire que lorsqu'il s'est vu comme ça, M. le chevalier a demandé à se confesser, et c'est le prieur-abbé qui est arrivé du monastère pour le réconcilier avec Dieu.

— Ce qui fait qu'il n'est pas mort?

— Et qu'il s'est repenti; car autant il était mauvais autrefois, autant il est bon et charitable aujourd'hui. Hier encore il a donné cinq cents livres pour les pauvres de la commune d'Ingrannes.

— Ça n'empêche pas, grommela le paysan, que si on brûle les châteaux quelque jour, l'on n'épargnera pas la Billardière.

Benoît le bossu ne prit pas garde à cette menace et continua :

— C'est comme Mlle Aurore...

— Ah ! oui, dit Jacques, elle est devenue bonne, celle-là aussi !

— Il n'y a pas meilleure qu'elle.

— En vérité ! ricana le paysan.

— Elle ne chasse plus, mais elle se promène à cheval dans la forêt, tous les matins, avec la demoiselle Jeanne, sa sœur ?

— C'est donc réellement sa sœur ?

— Mais oui.

— Je ne comprends absolument rien à toutes ces histoires, dit Jacques Bridou en avalant un grand verre de vin. Puis, baissant la voix :

— C'est comme toi, sais-tu que tu as eu de la chance ?

— Hein ? dit Benoît qui tressaillit.

— Dame ! il y a dix ans, mon garçon, on t'aurait pendu sans aucune forme de procès.

— Tais-toi, Jaques ; pas si haut !

— Bah ! personne ne nous entend ; et puis, nous

entendrait-on, personne ne te veut du mal ici et ne te trahirait.

Benoît était devenu tout tremblant.

Jacques poursuivit.

— Une nuit, tu prends un fusil, bon ! Tu tires sur M. de Valognes, encore un qui ne vaut pas cher, et si tu ne l'as pas tué, ce n'est pas de ta faute.

— Jacques, Jacques ! dit Benoît, pas si haut, je t'en prie !

— On transporte M. de Valognes à Beaurepaire d'abord, et puis chez lui.

Pendant ce temps, la maréchaussée fait une enquête, elle trouve le jardinier et le valet de chambre morts dans un coin du château, et la vieille servante enfermée dans sa chambre ; en même temps, elle trouve l'argenterie et tous les objets de valeur entassés dans le coffre d'une carriole, et elle en conclut que les deux valets ont d'abord assassiné leur maître ; qu'ensuite, ils se sont entre-tués, chacun d'eux voulant tout avoir.

— C'est pourtant vrai, ce que tu dis là, murmura Benoît toujours tremblant.

— En un autre temps, on aurait approfondi les choses, mon garçon, et si l'on avait prouvé que c'était toi l'assassin, tu aurais été pendu. Mais aujourd'hui, les nobles ont peur, et ils ne disent plus grand'chose. C'est le règne des pauvres gens qui arrive...

Benoît ne répondit pas. Il ne partageait pas les opinions de Jacques Bridou.

Celui-ci reprit :

— Ça fait que Dagobert est tout seul maintenant?

— Oui, et pas content, je t'assure.

— Pourquoi?

— Mais parce qu'on lui a pris la demoiselle Jeanne.

— Mais je suppose qu'on lui a tenu compte de l'avoir élevée?

— C'est-à-dire que d'abord Mlle Aurore et M. le chevalier ont voulu qu'il fermât sa forge et qu'il vînt demeurer avec eux. Même que la demoiselle Jeanne s'était jetée à son cou et qu'il avait commencé par y consentir.

— Vraiment?

— Je crois bien qu'il est resté approchant trois jours à la Billardière, mais le quatrième, il n'y a pas tenu.

— Il est retourné à la Cour-Dieu?

— Tout droit, et depuis ce temps il travaille presque nuit et jour, mais il ne chante plus.

— Ah! fit encore Jacques Bridou.

— Ce n'est plus le même homme, vois-tu, continua Benoît. Dans un temps, il n'y avait ni meilleur ni plus gai compagnon que lui. Fallait l'entendre chanter à pleine gorge quand il battait son enclume!

— Je m'en souviens bien, va.

— Maintenant Dagobert ne chante plus, il ne rit plus avec ceux qui viennent lui faire ferrer leurs chevaux ou leurs ânes, il ne parle plus... on dirait qu'il a perdu sa langue en s'en revenant de la Billardière.

— C'est donc parce que la demoiselle Jeanne l'a quitté ?

— Oui, s'il faut en croire d'aucuns... mais moi...

— Eh bien ?

— J'ai une autre idée, dit Benoît.

— Laquelle ?

— Dagobert s'est tourné la tête et s'est affolé d'amour.

— Pour Jeanne ?

— Non.

— Pour qui donc ?

Benoît se pencha à l'oreille de Jacques Bridou :

— Je crois, dit-il, qu'il s'est perdu la raison pour Mlle la comtesse Aurore.

— Allons donc ! dit le paysan braconnier, ce n'est pas possible, ce que tu dis là.

— Pourquoi pas possible ? dit Benoît.

— Parce que bien souvent j'ai jasé avec Dagobert.

— Eh bien ?

— Et qu'il détestait de tout son cœur cette belle dame qui se montrait si dure au pauvre monde, et qui passait, avec ses chiens et ses chevaux dans nos récoltes sans même nous dire : excusez !

— Je ne dis pas que, dans un temps, Dagobert n'aimât pas Mlle Aurore.

— Ah ! tu en conviens ?

— Mais à présent, tout est changé... et je donnerais deux doigts de ma main droite...

Benoît n'eut pas le temps de compléter son opinion par des faits à l'appui.

La porte du cabaret venait s'ouvrir, et un homme entrait.

C'était Dagobert.

— Quant on parle du loup, on en voit la queue ! dit tout bas Jacques Bridou.

Dagobert entra ; mais il était si sombre, si préoccupé, qu'il ne vit pas même son ami Benoît.

Il alla s'assoir tout seul, dans le fond, à une table sur laquelle il frappa du poing avec brusquerie.

La cabaretière, qui était veuve s'empressa d'accourir.

— Qu'est-ce qu'il faut vous servir, Dagobert, dit-elle, du vin ?

— Non, répondit-il, de l'eau-de-vie !

Et il appuya sa tête dans ses deux mains et parut se plonger en une sombre et pénible rêverie.

— Regarde, dit tout bas Benoît à Jacques Bridou ; crois-tu qu'il est changé, hein ?

— Oui.

— Je crois bien qu'il a des larmes dans les yeux, ajouta Benoît qui se prit à considérer Dagobert avec compassion.

Mais Dagobert ne le vit pas.

Dagobert s'était mis à boire de l'eau-de-vie avec l'âpre volupté des gens qui cherchent dans l'ivresse l'oubli de leurs maux.

En effet, Dagobert ne voyait personne, et personne n'osait lui parler.

Il demeura dans le cabaret environ une heure, buvant à petit coup l'affreux breuvage qu'on lui avait servi.

Puis il jeta une pièce de quinze sous sur la table et s'en alla.

L'humeur farouche qui s'était emparée de Dagobert depuis quelque temps n'était un mystère pour personne.

Seulement on l'attribuait à ce que Jeanne n'était plus avec lui.

Aussi personne n'avait osé lui parler, et personne, en le voyant sortir, ne lui demanda où il allait.

Seul, Benoît le bossu se glissa hors du cabaret.

— Où vas-tu ? lui demanda Jacques Bridou.

— Je vas me coucher donc, répondit Benoît.

Lorsqu'il eut refermé derrière lui la porte du cabaret, Benoît s'arrêta un moment sur le seuil.

La nuit était pluvieuse et sombre; néanmoins, il vit la silhouette de Dagobert qui s'éloignait.

— Voilà qui est drôle, se dit-il. C'est bien Dagobert; j'entends encore son pas, et je ne puis m'y tromper; mais il tourne le dos à la Cour-Dieu. Où donc va-t-il?

En effet, au lieu de prendre le chemin qui menait au couvent, et qui en était, on s'en souvient, la route provinciale de Pithiviers, Dagobert prenait une direction tout à fait opposée.

— Ma foi, murmura Benoît, il faut que je sache où il va.

Et il se mit à le suivre.

Dagobert, qui avait une certaine avance, marchait d'un pas lourd.

Benoît, au contraire, effleurait à peine le sol, et Dagobert ne se retourna pas une seule fois, ne se doutant pas qu'il était suivi.

Le forgeron longea l'unique rue de Sully, ayant toujours Benoît sur ses talons.

Mais arrivé devant la dernière maison du pays, il s'arrêta.

Cette maison était celle du père Frimond.

Le père Frimond était l'unique marchand, non-seulement de Sully, mais encore de tous les environs.

Il vendait un peu de tout, de la toile, du drap, du

fil, des aiguilles, colportait des livres de messe dans les campagnes, et des écheveaux de chanvre que les bonnes femmes s'empressaient de mettre en quenouille.

On trouvait encore chez lui du fil de fer et du fil de laiton, des clous de maréchal et des outils de charpentier et de menuisier.

Benoît, le voyant s'arrêter et frapper à la porte du père Frimond, crut comprendre.

— Il a besoin de clous, se dit-il.

Et il s'effaça derrière la clôture en planches du jardinet que le marchand possédait autour de sa maison.

Le père Frimond n'était point couché, et il vint ouvrir la porte, une lampe à la main.

Un reflet de cette lampe tomba alors sur le visage de Dagobert, et Benoît put remarquer qu'il était d'une pâleur cadavéreuse.

Dagobert entra, la porte se referma.

Alors Benoît se glissa jusqu'à la fenêtre dont un des carreaux était cassé et avait été remplacé par une feuille de papier huilé.

Les carreaux intacts lui permirent de voir à l'intérieur de la boutique, et le carreau cassé d'entendre ce qui s'y disait.

— Qu'est-ce qu'il y a pour ton service, mon garçon? disait le père Frimond à Dagobert. Veux-tu des clous ? As-tu besoin d'une ou deux livres d'acier ?

— Non, dit Dagobert.

— Peut-être veux-tu du fil de fer ?

— Non, je veux de la corde.

— Tiens, fit avec étonnement le vieux marchand, qu'est-ce qu'un maréchal peut bien faire d'une corde ?

— C'est pour remplacer celle de mon soufflet, qui est usée.

— Bon ! je vais te donner ça.

Le père Frimond s'arma d'un long bâton au bout duquel il y avait un crochet de fer, et avec cet instrument il décrocha d'une des poutres du plafond un paquet de corde bien roulée.

— Est-ce cela ? dit-il.

Dagobert se mit à examiner la corde et à en essayer la solidité.

— Combien en veux-tu ? dit encore le marchand.

— De six à huit pieds.

— C'est deux fois plus qu'il n'en faut.

— N'importe ! donnez-m'en la longueur que je vous demande.

— Comme il te plaira.

Et le marchand mesura la corde à l'aune qui pendait au-dessus de son comptoir, puis il prit un tranchet et détacha le bout demandé.

Dagobert prit la corde, l'enroula autour de son poignet et la mit ensuite sous sa blouse.

— Est-ce tout ce que tu as besoin, mon garçon? demanda encore le père Frimond.

— Je voudrais un quarteron de savon.

— Ah! c'est juste, te voilà tout à fait garçon, maintenant, et c'est toi qui fait la lessive.

— Oui, répondit Dagobert d'un ton bourru.

Il prit le savon et jeta douze sous sur le comptoir.

— Adieu, père Frimond, dit-il.

Et il sortit.

— Au revoir! lui cria le marchand.

— Non, adieu! répéta Dagobert qui se prit à marcher d'un pas inégal et brusque et passa auprès de Benoît sans le voir.

La double acquisition que le forgeron venait de faire avait déjà pas mal intrigué le bossu, mais son étonnement redoubla lorsqu'il vit Dagobert, au lieu de revenir sur ses pas, continuer son chemin du côté de Fay-aux-Loges.

— Oh! se dit-il alors, quand bien même je devrais marcher toute la nuit, je saurai où il va.

Dagobert avait doublé le pas, mais Benoît cheminait aussi lestement que lui.

Seulement au lieu de rester sur le chemin qui était caillouteux, et sur lequel on l'aurait entendu marcher, il s'était jeté dans le fossé et courait, en se baissant, de façon que si le forgeron se retournait, il ne pût le voir.

Dagobert suivit la route de Fay un bon quart d'heure; puis, arrivé à un endroit où elle côtoyait la forêt, il se mit à travers champs et entra sous bois.

Benoît le suivait toujours à distance, s'arrêtant quand il s'arrêtait, et se dissimulant de son mieux derrière les arbres.

Mais Dagobert était si absorbé, qu'il n'eût pas entendu, en ce moment, un coup de fusil derrière lui.

Il gagna ainsi, se croyant seul, une grande futaie de chênes.

En toute saison, et à plus forte raison l'hiver, on trouve de l'eau en forêt, soit qu'elle coule dans un fossé, soit qu'elle croupisse dans une mare.

Dagobert s'arrêta au milieu de la clairière, au bord d'un trou fangeux, où les sangliers venaient se souiller par les nuits tièdes.

Il s'assit sur un tronc d'arbre renversé, et alors, Benoît, qui s'était blotti dans une broussaille voisine, le vit se livrant à une besogne des plus singulières.

Dagobert s'était mis à dérouler la corde, puis à faire un nœud dans le bout.

Un nœud coulant, sans doute.

Quand ce fut fini, il trempa dans l'eau le morceau de savon qu'il avait acheté et se mit à savonner la corde.

Benoît commençait à comprendre, mais il ne bougeait pas.

Cette double besogne terminée, Dagobert se mit à regarder autour de lui.

La pluie tombait, le vent secouait les vieux chênes; cependant l'obscurité n'était pas assez grande pour que Benoît perdît un seul de ses mouvements.

Dagobert hésita un moment encore, puis il parut avoir fait son choix.

Il se leva et se dirigea, sa corde à la main, vers un hêtre qui montait tout droit dans le ciel et était fraîchement émondé.

Alors il commença à grimper le long du tronc, et, arrivé au couronnement, il se mit à cheval sur une branche.

Benoît n'avait fait qu'un bond de la broussaille au pied de l'arbre, mais Dagobert ne le vit pas.

Le forgeron attacha une des extrémités de la corde à la branche sur laquelle il était à cheval.

Puis il passa le nœud autour de son cou, et Benoît l'entendit murmurer :

— Adieu, Jeanne... maintenant tu n'as plus besoin de moi... je puis mourir.

Mais, comme il lâchait la branche, s'y suspendait

d'une main et s'apprêtait à se lancer dans l'éternité, il aperçut tout à coup une forme noire qui grimpait à son tour au tronc de l'arbre.

En même temps une voix lui cria :

— Hé! Dagobert, tu peux te pendre, tu n'en mourras pas, cette fois, va, j'aurai toujours le temps de couper la corde.

Et Benoît le bossu continua à grimper.

Il avait un couteau aux dents, et Dagobert stupéfait ne lâcha point la branche à laquelle il était suspendu...

LXIX

Le suicide a sa pudeur comme toutes les faiblesses humaines.

L'homme le plus résolu à se donner la mort hésite et sent son énergie faiblir si, tout à coup, un témoin inattendu surgit devant lui.

Dagobert s'était donc cramponné à la branche d'arbre, du moment où il avait reconnu la voix de Benoît le bossu.

Celui-ci grimpait toujours et tout en grimpant il parlait :

— Par la pucelle d'Orléans, disait-il, si l'on m'avait dit ça, il y a deux heures, je n'aurais pas voulu le croire, mon bon Dagobert, il faut que tu sois devenu fou subitement.

Dagobert serrait toujours la branche et ne se lançait pas dans le vide.

Benoît continuait de grimper et disait encore :

— Ce n'est pas une chose courageuse, mon bon Dagobert, de se tuer ! il n'y a que les gens qui n'ont pas la force de supporter les misères qui finissent ainsi ; et je te croyais pourtant un brave et hardi compagnon et tu nous aurais tous étonnés, car il n'y a personne dans le pays qui ne pense comme moi.

Ce disant, il atteignit le couronnement du hêtre, et, prompt comme l'éclair, il trancha avec la lame de son couteau la corde à un pied de distance de l'endroit où elle était fixée.

Alors Dagobert, respira bruyamment, comme si l'intervention de Benoît l'eût rappelé subitement à la vie.

Il lâcha la branche et tomba sur le sol.

Le sol était mou et couvert d'herbe, et le forgeron ne se fit aucun mal.

Benoît avait pris le même chemin et il était auprès de lui avant que le forgeron se fût relevé.

Benoît ne raillait plus ; il était devenu grave et triste, et disait :

— Tu as donc bien du chagrin, mon bon Dagobert, que tu voulais périr ainsi ?

Dagobert mit ses deux mains sur son visage, et des larmes jaillirent au travers de ses doigts.

Benoît posa la main sur son épaule.

— C'est donc, dit-il, parce que Jeanne t'a quitté ?

— Non, dit Dagobert, car je puis l'aller voir si bon me semble tous les jours, et même je pourrais ne plus travailler et rester à la Billardière.

— Viens nous asseoir là-bas, continua Benoît, nous jaserons. Je suis peut-être un homme de bon conseil, va !

Et il entraîna Dagobert vers le tronc d'arbre sur lequel tout à l'heure le forgeron était assis.

Puis, tenant toujours dans ses mains une des mains de Dagobert, il reprit :

— Je sais bien ce que tu as sur le cœur, moi.

— Tais-toi, au nom du ciel, tais-toi ! dit le forgeron d'une voix sourde.

— Il faut bien que je parle, au contraire, poursuivit Benoît avec un accent d'autorité, afin de te prouver que tu ne dois pas mourir.

Dagobert secoua la tête.

— Que veux-tu donc que fasse un pauvre homme comme moi, répondit-il, un ouvrier qui a les mains noires et n'a jamais eu sur ses épaules qu'un bourgeron, quand le bon Dieu permet qu'il regarde une femme et quand il en perd la raison, si cette femme n'est pas une paysanne, une fille de sa condition qu'il puisse épouser?...

— Ce n'est pas une raison pour vouloir se tuer, dit Benoît. Tu parles du bon Dieu ? Sais-tu s'il n'a pas voulu mettre ton courage à l'épreuve ?

— Je n'ai plus de courage.

— Ah ! Dagobert, Dagobert, murmura Benoît, si tu voulais suivre mon conseil...

— Eh bien ?

— Peut-être que la paix rentrerait dans ton âme bouleversée.

— Eh ! que puis-je faire pour cela ? demanda le forgeron, qui pleurait toujours.

— Si tu m'en croyais, tu irais trouver dom Jérôme.

Ce nom fit tressaillir Dagobert des pieds à la tête, et il se leva brusquement.

En effet, depuis longtemps Dagobert ne travaillait plus ; il fuyait sa forge, il fuyait le couvent... il fuyait, par conséquent, dom Jérôme, et il lui semblait que l'austère vieillard allait deviner les orages de son cœur à première vue.

— Oui, continua Benoît, tu irais trouver dom Jérôme, tu lui demanderais conseil, et peut-être...

Une résolution subite s'était emparée de Dagobert.

— Tu as raison, dit-il, je vais y aller !

— A la bonne heure ! murmura Benoît tout joyeux. Mais je ne te quitte pas ; tes mauvaises idées pourraient te reprendre en chemin.

En parlant ainsi, il lui enleva la corde qu'il avait encore au cou et la jeta loin de lui.

Puis, lui prenant le bras :

— Viens, dit-il, allons-nous-en vite d'ici. Il me semble que l'air y est plus lourd qu'ailleurs et qu'on y étouffe.

Dagobert se laissait conduire.

Bien qu'il fût enfant du pays, le forgeron était loin de connaître la forêt comme Benoît, lequel, on s'en souvient, était né sous une taille, et ne couchait pas dans un lit trois fois par an.

Benoît savait des chemins ignorés des braconniers eux-mêmes, il connaissait des coulées à travers des enceintes de broussailles où seuls les sangliers et les renards passaient. Au lieu de redescendre vers Sully, il fit prendre à Dagobert un faux chemin qui courait à travers bois en ligne directe vers les étangs de la Cour-Dieu.

— Il ne nous faut pas trois quarts d'heure en passant par là, dit-il, pour être à la porte du couvent.

Dagobert marchait maintenant sur les pas de Benoît avec la docilité d'un enfant ou d'un chien.

Mais Benoît comprenait que l'ennemi le plus dangereux du forgeron, en ce moment, c'était le silence ; il fallait, à tout prix, arracher son esprit troublé aux visions qui l'obsédaient et le distraire.

Au lieu de parler de la comtesse Aurore, Benoît prononça le nom de Jeanne.

Il rappela au forgeron les bonnes soirées d'autrefois passées tête à tête avec la jeune fille ; et la belle humeur de Jeanne et la joie avec laquelle elle lui jetait ses bras blancs autour de son cou, en l'appelant « mon parrain ! »

Puis, comme le front assombri de Dagobert paraissait s'éclaircir un peu, il lui dit encore :

— Mais, mon ami, est-ce que tu ne devais pas faire un voyage avec dom Jérôme ?

Cette question ramena tout à fait Dagobert aux choses de ce monde.

— Oui, dit-il.

— Pourtant vous n'êtes pas partis ?

— C'est vrai.

— Pourquoi ?

— Je ne sais pas, moi, dit Dagobert, nous serions même partis pour Paris le lendemain matin, quand on est venu dire à dom Jérôme que M. le chevalier des Mazures allait mourir et qu'il voulait se confesser à lui.

Pendant huit jours, on a cru que M. des Mazures

trépasserait, et dom Jérôme est allé le voir tous les jours.

— Cela explique pourquoi le voyage a été ajourné ; mais depuis M. le chevalier est revenu à la santé ; on dit même qu'il vivra vieux, ajouta Benoît.

Dagobert ne répondit pas.

Benoît continua :

— Est-ce que ce n'était pas pour Mlle Jeanne que vous alliez à Paris?

— Oui. Tu sais cela?

— Est-ce que je ne sais pas un peu tout, moi? fit le bossu en souriant.

— Dom Jérôme ne m'a plus reparlé de rien, fit Dagobert, mais j'ai dans l'idée qu'il n'a plus besoin de faire ce voyage, puisque Jeanne est maintenant au château de la Billardière.

Ils arrivèrent causant ainsi, sautant les fossés, passant au travers des taillis, et peu soucieux de la pluie qui continuait à tomber abondamment, jusqu'à l'hémicycle formé par les terres de la Cour-Dieu.

Le couvent était plongé dans l'obscurité et le silence.

Benoît regarda le ciel nuageux.

— Il n'est pas possible, ce soir, dit-il, de voir l'heure aux étoiles, mais j'ai dans mon idée qu'il est approchant minuit.

Puis, regardant plus attentivement encore, il

montra à Dagobert un point lumineux qui mouchetait la masse sombre du monastère.

— Est-ce que ce n'est pas la lampe de dom Jérôme? dit-il.

— Oui, répliqua Dagobert, le saint homme passe la nuit en prière.

Et ils doublèrent le pas à travers les terres détrempées, et quelques minutes après ils étaient à la porte du couvent.

— Va le voir tout de suite, dit Benoît. Moi, je t'attendrai à la forge. La clé est toujours sous la grosse pierre, à côté de la porte, n'est-ce pas?

— Oui, dit Dagobert.

Et d'une main fiévreuse, il sonna à la grille du monastère.

— Qui est là? demanda le frère portier éveillé en sursaut, car l'heure des *Matines* était loin encore.

— Moi, Dagobert.

— Que voulez-vous?

— Parler sur-le-champ à Dom Jérôme.

On savait que Dagobert ne demandait jamais à voir le prieur-abbé que pour des choses importantes.

Le frère portier lui ouvrit, et Dagobert, réconforté par les conseils de Benoît, se dirigea à travers le préau et les corridors à ogives du couvent, vers la cellule de dom Jérôme.

Dom Jérôme ne dormait pas ; il était agenouillé au pied de son lit et lisait.

Quand il vit apparaître le forgeron, il fut frappé de sa pâleur, de ses yeux enflammés et de ses vêtements souillés de boue, et il crut à un malheur.

Mais Dagobert se mit à genoux et lui dit :

— Monseigneur, vous voyez devant vous un grand coupable ; il y a une heure, j'ai voulu me tuer...

Dom Jérôme eut un geste de douloureux effroi.

— Et, acheva Dagobert demeurant à genoux, je viens vous supplier, monseigneur, de m'entendre en confession.

. . . .

LXX

Lorsque dom Jérôme releva Dagobert en lui disant : « Je t'absous, » Dagobert pleurait à chaudes larmes.

— Mon enfant, poursuivit alors le vieux prêtre, Dieu l'a voulu ainsi ; il a placé au cœur des vaillants et des forts une fibre qui vibre douloureusement à de certaines heures, et il s'est plu à éprouver ceux qui paraissaient devoir traverser la vie sans rencontrer d'orages.

Mais à côté du mal il a mis le remède, et il a

voulu que le devoir soutînt ceux à qui il refusait désormais le bonheur.

Or, dit encore dom Jérôme, ton devoir à toi, c'est de veiller sur Jeanne.

Il ne m'est pas permis à moi, prêtre, de douter du repentir d'un homme qui m'a appelé à son chevet pour entendre sa confession, et cependant il y a en moi, à côté du prêtre, un homme, et cet homme doute parfois.

A de certaines heures, il me semble que nous avons été imprudents tous les deux de confier Jeanne au chevalier des Mazures. Il est vrai que nous l'avons cru mourant, et que, non-seulement il n'est pas mort, mais qu'il paraît, au contraire, devoir vivre longtemps.

Dagobert regardait dom Jérôme avec un étonnement douloureux.

Où voulait-il donc en venir?

Dom Jérôme reprit :

— L'homme qui se croit au seuil de l'éternité se repent; mais avec la santé lui reviennent parfois les mauvais instincts, et je ne puis oublier que le chevalier des Mazures a été le bourreau de la mère de Jeanne.

— Oh! fit Dagobert en secouant les poings.

— Je suis vieux, poursuivit dom Jérôme, je n'ai

plus que quelques années à vivre, tu vois donc qu'il faut qu'après moi tu veilles sur Jeanne?

— Oui, monseigneur, murmura Dagobert.

Et passant les mains sur son front comme s'il eût voulu en chasser un cruel souvenir :

— J'ai donc été fou et méchant? dit-il.

— Non... Tu as été faible, répondit le prêtre avec bonté, et ceux-là seuls qui n'ont pas souffert oseraient te reprocher ta faiblesse et ton désespoir.

Dagobert prit la main du vieillard et la baisa.

Puis, tout à coup :

— Mais, monseigneur, dit-il, nous n'irons donc pas à Paris, comme c'était d'abord convenu?

— Non, mon ami.

— Pourtant, vous savez que j'ai perdu la bague?

— Et tu songes à la fortune de Jeanne?

— Oui.

Un sourire vint aux lèvres du vieux prêtre.

— Ecoute-moi bien, dit-il. Te souviens-tu que le surlendemain du jour où je fus appelé pour la première fois au chevet de M. des Mazures, et alors que nous n'attendions que le moment où il aurait rendu l'âme pour nous mettre en route, le père Bon-Enfant, le courrier d'Orléans à Pithiviers, vint sonner à la grille du couvent?

— Oui, je m'en souviens, dit Dagobert, je m'en

souviens d'autant mieux que c'est là première fois peut-être que cela arrivait depuis ma naissance.

— Ah ! c'est que, dit dom Jérôme avec mélancolie, le moine n'est plus un homme. Il a renoncé au monde, et les bruits du dehors ne doivent plus venir jusqu'à lui.

Cependant le père Bon-Enfant apportait une lettre, et cette lettre était pour moi. Tu vas la lire, et tu comprendras pourquoi nous ne sommes point partis.

Et dom Jérôme ouvrit un bahut de bois blanc qui lui servait en même temps de prie-Dieu, et il y prit la lettre dont il parlait.

— Elle est, dit-il, de ce même gentilhomme qui t'a autrefois confié Jeanne.

— Et qu'elle et nous croyions mort ?

— Oui.

Dagobert ouvrit la lettre et lut :

« Mon vieil ami,

« Depuis une heure, j'ai touché la terre de France, après quinze années d'exil.

« Es-tu encore de ce monde ?

« L'enfant de Gretchen vit-elle ?

« Telles sont les deux questions que je me pose avec angoisse.

« Et cependant, j'ai bon espoir.

« Il me semble que, du moment où je suis vivant encore et robuste, en dépit des fatigues de la guerre, tu dois être, toi, un beau vieillard à barbe blanche, vert et fort encore, à l'ombre de ce cloître où tu t'es enseveli voici bien longtemps.

« Il me semble encore que cette enfant que j'ai laissée endormie, la tête sur l'enclume du forgeron, à la porte de ton monastère, est devenue une grande et belle jeune fille, et que Dieu lui tient compte des douleurs de sa mère en lui accordant paix et bonheur.

« Dans quelques jours, je serai à Paris, quelques jours après, tu me verras sonner à la porte de ton couvent.

« Quand je suis parti, confiant la fille de Gretchen à ce jeune forgeron, je lui ai remis une bourse et une bague.

« La bague a dû t'être présentée ; il est impossible que tu ne l'aies pas reconnue et que tu n'aies pas dévissé le chaton qui contenait ma lettre.

« Cette lettre t'indiquait sommairement où j'avais caché la cassette qui renferme la dot de Jeanne.

« Cette cassette me fut remise par le comte des Mazures un mois avant sa mort, mais alors déjà qu'il avait résolu de se tuer et de tuer avec lui l'infâme princesse de Carlotenbourg, un des bourreaux de Gretchen.

« T'es-tu servi de mes indications ? Je l'ignore, mais Jeanne est jeune encore, et peut-être l'as-tu laissée dans l'ignorance de sa condition et de la fortune qui lui est réservée.

« Il est impossible que d'autres que nous trouvent cette cassette.

« Il faudrait pour cela démolir la maison, car, derrière la plaque de cheminée si solidement attachée au mur par huit crampons d'acier, se trouve une armoire de fer qu'il serait impossible de forcer.

« Enfin, je serai fixé dans quelques jours.

« J'ai écrit à notre ancienne logeuse, cette bonne Mme Blaisot, qui nous amusait tant avec ses prétentions nobiliaires. Elle doit toujours être propriétaire de sa maison. Je la prie de me rendre ma chambre, et il faudra bien qu'il en soit ainsi.

« Adieu, mon vieil ami, au revoir plutôt, car je ne ferai que toucher barre à Paris.

« Le temps d'avoir la cassette et de me remettre en route pour trouver l'enfant de Gretchen.

« Ton vieux frère d'armes,

« RAOUL DE MAURELIÈRE. »

Dagobert, ayant lu cette lettre, la rendit à dom Jérôme.

— Mais, monseigneur, dit-il, il y a un mois que vous avez reçu cette lettre ?

— Oui.

— Et depuis un mois...

— J'attends toujours et ne vois point arriver mon vieil ami, dit le prieur avec un soupir.

— Oh! dit Dagobert, s'il lui était arrivé malheur?

Dom Jérôme tressaillit.

— Je me suis plusieurs fois déjà posé cette question, dit-il ; mais je me suis toujours rassuré. M. de Maurelière a fait la guerre d'Amérique; il était parti pauvre ; il sera revenu dans un état voisin de la détresse.

Peut-être a-t-il été obligé, en arrivant au Havre-de-Grâce, d'écrire à Paris à quelque ancien ami pour avoir l'argent nécessaire à son voyage.

Peut-être aura-t-il perdu quelques jours à Versailles, où ils vont tous, en revenant du nouveau monde...

— Et vous ne pensez pas qu'il lui soit arrivé malheur, monseigneur?

— A moins qu'il ne soit mort subitement de sa belle mort, que veux-tu donc qu'il lui arrive ?

— Eh bien ! moi, j'ai peur, dit Dagobert.

— Peur ?

— Oui, monseigneur.

— Mais de quoi ?

— Vous ne savez peut-être pas que le jeune comte Lucien des Mazures a quitté le pays ?

— Oui. Eh bien !

— Et sa mère après lui.

— Bon ! fit dom Jérôme, ensuite ?

— Mais, monseigneur, dit Dagobert qui semblait, en ce moment, posséder tout à coup le don de seconde vue, vous ne vous rappelez donc pas que c'est pendant cette nuit où ils m'ont pris dans un collet, le comte et son infernal ami M. de Valognes, que j'ai perdu la bague ?

— Eh bien ?

— J'ai dans l'idée, moi, que c'est M. de Valognes ou ses gens qui l'ont trouvée et l'auront remise à M. Lucien.

— Et s'il en était ainsi... fit dom Jérôme d'une voix haletante.

— Tenez, monseigneur, acheva Dagobert, je crois que nous ferions bien d'aller à Paris. Vous m'avez rappelé au sentiment du devoir ; eh bien ! une voix secrète me crie, à cette heure, que jamais Jeanne n'a été en si grand péril.

Dagobert parlait avec un accent prophétique, et le vieux prêtre se sentit gagné par une vague épouvante.

On eût dit qu'en ce moment le forgeron était prophète, et qu'un coin du voile qui cachait l'avenir s'était subitement soulevé pour lui.

LXXI

Cependant Benoît était demeuré hors du couvent.

D'abord, il s'était mis sous l'auvent de la porte; puis, comme la pluie avait cessé, il s'était assis sur une grosse pierre de taille qui se trouvait à quelques pas et servait de siége à tous ceux qui venaient implorer la charité des bons moines.

Une demi-heure, puis une heure, puis deux s'étaient écoulées.

Dagobert ne revenait pas.

Benoît se disait :

— Il n'est pas probable que l'envie lui soit revenue de se pendre, et, d'ailleurs, ce n'est pas dans le couvent qu'il ferait une pareille chose. Que peuvent-ils donc dire, dom Jérôme et lui ?

Mais enfin la cloche qui, chaque nuit, réveillait les moines et leur annonçait les *Matines*, se fit entendre.

— Maintenant, pensa Benoît, il va bien falloir qu'il sorte !

En effet, tandis que la façade extérieure du couvent s'illuminait peu à peu, les vitraux de l'église commençaient à flamboyer, la grille s'ouvrit et Dagobert reparut.

— Comment! dit-il au bossu, tu es resté là tout le temps?

— Je t'attendais, répliqua Benoît.

— Je croyais que tu serais allé te jeter sur mon lit.

— Non, dit Benoît; je n'avais pas sommeil.

Et, en dépit de l'obscurité, il regardait le forgeron et cherchait à deviner sur son visage si le calme était revenu dans son cœur.

Dagobert avait retrouvé sa voix sonore, sa démarche assurée.

Benoît respira et se dit :

— Je lui ai donné un bon conseil. Dom Jérôme aura chassé toutes les mauvaises idées qu'il avait dans la tête.

Le forgeron le prit par le bras et lui dit :

— Alors, tu n'as jamais sommeil la nuit ?

— Dame! répondit Benoît, je suis comme les bêtes fauves, moi; j'aime mieux dormir le jour sous une taille et courir la nuit par les bois.

— Irais-tu bien au château de Beaurepaire?

Ce nom fit tressaillir Benoît.

— Pauvre M. Lucien, dit-il, avant qu'il s'accolât à ce gueux de M. de Valognes, c'était un bien bon jeune homme.

— Ah! voilà que tu le plains, maintenant, fit

Dagobert avec un accent de rancune, car il n'avait rien oublié.

— Ce n'est pas une raison parce qu'on n'est pas de l'avis des gens pour qu'on les méprise, dit le bossu, qui avait le courage de ses convictions.

Dagobert haussa les épaules.

— Ce n'est pas de M. Lucien qu'il s'agit, du reste, dit-il.

— Je le crois bien. Il est parti, et il ne reviendra plus sans doute, soupira Benoît, et il se ferait arriver malheur un jour ou l'autre rapport à mamzelle Jeanne qu'il aimait tant, que ça ne m'étonnerait pas.

— Eh bien! dit brusquement Dagobert, veux-tu, oui ou non, aller à Beaurepaire ?

— Sans doute, je le veux bien.

— Les maîtres n'y sont plus.

— Pardon, fit Benoît, M. Lucien n'est pas revenu, mais Mme la comtesse est de retour depuis huit jours.

— Vrai? fit Dagobert avec étonnement.

— Pardine ! puisque je l'ai vue...

— Raison de plus, alors, pour que tu ailles à Beaurepaire, mon garçon.

— Quoi faire ? demanda Benoît.

— Tu es assez de la maison pour qu'on ne s'étonne pas de te voir.

— Ça, c'est vrai.

— Et tu es assez malin pour faire jaser le monde.

— Heu! heu! fit modestement le bossu.

— Tout à l'heure je t'envoyais à Beaurepaire, continua Dagobert, pour savoir où était allée la comtesse.

— Courir après son fils, dit Benoît.

— Maintenant, il s'agit de savoir d'où elle revient.

— Je puis vous le dire tout de suite, attendu que La Branche, le piqueur, me l'a dit.

— Ah!

— Elle est allée à Paris pour tâcher de ramener M. Lucien qui était parti par un coup de tête; mais voilà que M. Lucien s'est engagé dans les gardes du roi et qu'il ne veut pas revenir.

— Je vois bien, murmura Dagobert, qu'il faut que je te dise tout, si je veux que tu nous sois utile à dom Jérôme, à Jeanne et à moi.

— Parle, alors.

— Te rappelles-tu que j'avais une bague noire au doigt?

— Oui.

— Cette bague je l'ai perdue pendant cette nuit où ils ont voulu me tuer, M. de Valognes et ton cher comte Lucien. Peut-être même me l'ont-ils volée.

— Oh! fit Benoît.

— Toujours est-il que je ne l'ai plus, et que j'ai

l'idée qu'elle est tombée dans les mains de M. Lucien ou de la comtesse sa mère.

— Et tu voudrais la ravoir ?

— Oh! ce n'est plus de la bague, mais du secret qu'elle renfermait dans son chaton qu'il s'agit.

— Elle contenait un secret ?

— Oui, un papier qui indiquait l'endroit où il y avait un coffret renfermant une fortune.

— Et... cette fortune ?

— C'était celle de Jeanne.

— Oh ! oh ! fit Benoît, et si la comtesse a trouvé cette bague ?...

— Eh bien, dit Dagobert d'une voix sourde, ce n'est pas pour ramener son fils qu'elle est allée à Paris, mais pour voler le coffret. Comprends-tu ?

Benoît eut une nouvelle exclamation de surprise.

— Es-tu bien dans ton bon sens, Dagobert ? dit-il.

— Oui, je te jure sur la tête de Jeanne, que je suis convaincu de ce que je te dis.

— S'il en est ainsi, répondit Benoît, et que ce coffret dont tu parles soit venu à Beaurepaire, on tâchera d'avoir de ses nouvelles.

— Alors, tu vas à Beaurepaire ?

— Sur-le-champ.

Benoît, en parlant ainsi, regarda le ciel, qui tout

à l'heure n'était qu'une voûte noire, et dans lequel, maintenant, le vent chassait les nuages en lambeaux.

— Il ne pleuvra plus, dit-il. Et puis, ça m'est égal : quand il s'agit de rendre service, je ne crains ni le froid ni le chaud. Sois tranquille, je ne reviendrai que lorsque je saurai la vérité.

Il serra la rude main du forgeron et fit quelques pas, puis il revint, et, d'un air soupçonneux :

— Ah çà, dit-il, est-ce bien vrai, tout cela?

— Et pourquoi veux-tu que je te mente?

— Pour te débarrasser de moi, peut-être. Qui sait si tes vilaines idées ne t'ont pas repris?

— Non, répondit Dagobert. J'ai avoué ma faiblesse à dom Jérôme et il m'a donné du courage. Maintenant, d'ailleurs, j'ai plus que jamais des devoirs sacrés, et je vivrai pour les remplir.

— Alors, dit Benoît, je m'en vais tranquille.

Et il s'en alla, en effet, reprenant à travers champs d'abord et à travers bois ensuite, le chemin qu'il avait parcouru tant de fois au temps où il servait de valet de chiens au jeune comte Lucien des Mazures.

Quand il arriva à Beaurepaire, deux heures après, une clarté vague courait dans le ciel.

Il pouvait être cinq heures du matin, et le jour n'était pas loin.

Cependant tout le monde dormait encore au château, une personne exceptée peut-être, car une lampe brillait à une fenêtre du premier étage.

Benoît, qui connaissait le château comme il connaissait la forêt, ne s'y trompa point.

La chambre éclairée était celle de Toinon la bohémienne, laquelle, on le sait, couchait dans une pièce voisine de l'appartement de sa maîtresse.

— Elle est joliment matinale, à moins qu'elle ne se soit pas couchée, pensa le bossu.

Au lieu de chercher à ouvrir la grille de l'avenue, Benoît, qui faisait des bonds prodigieux, avait franchi à pieds joints le saut de loup du parc.

Puis il était entré dans la cour où se trouvait le chenil.

Les chiens le connaissaient trop bien pour aboyer après lui. Un grand dogue qu'on lâchait chaque soir vint à lui en remuant la queue.

— Bonjour, Castor, dit Benoît en le flattant de la main, et il passa.

Le château avait une aile en retour.

Tout le long de cette aile régnait une petite terrasse, et Benoît la vit.

— Si je pouvais arriver jusque-là, je saurais ce qui se passe dans la chambre de Toinon.

Tout autre que lui eût jugé la chose impraticable; mais Benoît, s'il était agile comme un chevreuil, était en même temps leste comme un chat.

Un tuyau pour la conduite des eaux montait au long du mur et atteignait la terrasse.

Le bossu grimpa après le tuyau, au risque de se casser vingt fois le cou, et il arriva sur la terrasse sain et sauf.

Alors il se coucha à plat ventre et rampa jusqu'à la fenêtre éclairée.

On apercevait deux ombres à travers les rideaux.

Toinon n'était pas seule; une femme était auprès d'elle, et cette femme, c'était la comtesse des Mazures.

La fenêtre était fermée, et Benoît ne pouvait entendre, de dehors, ce qu'elles disaient.

Mais une chose le frappa.

Toinon tenait une gazette à la main et lisait; et la comtesse paraissait écouter cette lecture avec une grande attention.

— Qu'est-ce qu'il peut bien y avoir dans ce journal? se demanda Benoît dont la curiosité fut éveillée au plus haut degré.

LXXII

Benoît le bossu était né en forêt. Il y avait vécu, faisant plutôt sa société des fauves que des hommes; mais néanmoins Benoît le bossu savait lire.

Où avait-il trouvé un maître? Comment avait-il eu, au milieu de sa vie sauvage, le loisir nécessaire?

Problème à première vue, cela était pourtant bien simple. Il avait alors une dizaine d'années et il était grand chasseur d'écureuils.

Le curé d'Ingrannes, un brave homme, rencontrant parfois aux environs de la forêt, dans quelque chemin creux, tandis qu'il lisait son bréviaire, ce petit bonhomme contrefait, à la mine éveillée, à l'agilité surprenante, lui mettait deux sous dans la main ou le ramenait au presbytère, où sa servante lui donnait à manger.

Benoît était sauvage, mais non farouche, et l'amitié de M. le curé flattait fort sa vanité d'enfant.

Les distractions d'un pauvre curé de campagne sont bornées.

Un jour, Benoît charma le brave homme en lui apportant un jeune écureuil qu'il avait pris tout vivant.

Le bon curé fit faire une cage à moulin, dans lequel on mit le joli rongeur.

Mais le rongeur parut s'ennuyer, et la roue dans laquelle il tournait du matin au soir n'avait pour lui que peu de charmes.

Benoît consulté dit au curé:

— C'est comme les chevreuils; quand on a tué sa chevrette, le broquart devient tout triste, et il n'a de repos que lorsqu'on lui en a trouvé une autre.

Et Benoît se mit en campagne pour avoir un écureuil femelle.

Son zèle fut même si grand, qu'il grimpa sur une branche d'arbre, trop faible pour supporter le poids de son corps, et qu'il se cassa une jambe en tombant.

Des bûcherons le trouvèrent évanoui au pied de l'arbre et le portèrent au presbytère.

Le curé le soigna comme son enfant, et comme pendant trois mois il fut impossible au petit sauvage de reprendre sa vie vagabonde, le vieux prêtre lui apprit à lire, ce qui ne fut pas très-difficile, car Benoît était intelligent, comme presque tous les bossus du reste.

Donc Benoît savait lire, et le journal que Toinon tenait à la main l'intriguait fort.

D'un autre côté, il aurait bien voulu entendre ce que disaient la servante et la maîtresse; mais les rideaux étaient tirés, la fenêtre fermée et il n'y fallait pas songer.

Cependant Benoît était de cette race gauloise qui ne recule devant rien et ne prononce jamais le mot *impossible*.

Son esprit ingénieux lui vint en aide.

Du moment que par le tuyau de conduite il était arrivé jusqu'à la terrasse, il ne lui était pas plus difficile de se servir d'un second tuyau pour grimper jusque sur le toit. Là il avait une idée.

Par conséquent, l'ancien chasseur d'écureuils monta sur la toiture du château.

Une fois là, il s'approcha du tuyau de cheminée qui devait correspondre à la chambre de Toinon.

Benoît savait que, plus l'air est rare, plus il acquiert de sonorité conductible, et que le bruit monte plutôt qu'il ne descend.

Il y avait un reste de feu dans la cheminée; le tirant d'air devait produire le vide, et, conséquemment, la voix des deux femmes devait monter.

Benoît ne se trompa point.

A peine eut-il tendu l'oreille, qu'il entendit fort distinctement la voix de Toinon.

Mais sans doute celle-ci avait achevé sa lecture tandis que Benoît grimpait sur la toiture, car il entendit pareillement la voix de Mme des Mazures.

Les deux femmes causaient.

— Enfin, disait la comtesse, tout cela est bel et bien, et nous avons ce que nous voulions; mais me voilà plus que jamais abandonnée de mon fils et méprisée par lui.

— Ma foi, Madame, répondait Toinon, vous vous désolez à tort, M. Lucien ne sait rien.

— Comment! il ne sait rien?

— Relativement au coffret, non.

— Mais il sait...

— Il croit que le vieux gentilhomme est le père de la petite Jeanne, voilà tout. Il vous a dit qu'il vous maudissait, qu'il ne vous considérait plus comme sa mère ; mais ces paroles lui étaient arrachées par le désespoir. Propos d'amoureux que tout cela ! ma bonne maîtresse. Nous avons les millions de la princesse ; c'est l'essentiel.

Et puis, disait encore Toinon, ne vous l'ai-je pas dit souvent ? Une femme encore jeune et belle comme vous renonce-t-elle au monde, comme vous le faites depuis cinq ans ?

Si vous le voulez, nous irons en Italie ; nous achèterons un palais sur les bords de l'Arno, tout auprès de Florence ; un palais de marbre, que nous remplirons de chefs-d'œuvre ; et je ne veux pas qu'il s'écoule un mois avant que des souverains soient à vos pieds et vous offrent une couronne.

— Tu es folle, Toinon, répondait la comtesse ; je suis une vieille femme, tout à l'heure.

— Vous êtes belle, Madame.

— Comme un ange ou comme un démon ? demanda Mme des Mazures d'un ton railleur.

— Comme les deux, répondit la bohémienne.

Benoît ne comprenait pas grand'chose à tout cela, si ce n'est que la comtesse était brouillée avec son fils ; que celui-ci était en proie à un grand chagrin ;

que la comtesse possédait maintenant des millions, et que Toinon lui conseillait fort de quitter Beaurepaire.

Benoît ne s'amusa point à tirer de tout cela des conclusions; il se borna à graver les paroles des deux femmes dans sa mémoire, se disant avec quelque raison :

— Dom Jérôme et Dagobert sauront bien ce que cela veut dire.

Il y avait eu un moment de silence entre les deux femmes; mais le silence fut bientôt rompu et les voix montèrent de nouveau.

— Ce bienheureux *Mercure de France*, disait la comtesse, a raconté les choses de telle façon que le lieutenant de police lui-même n'a pu rien y comprendre.

— Et vous êtes la plus immaculée des femmes, dit Toinon d'un ton moqueur.

— Crois-tu que le vieux mourra?

— Il doit être mort à cette heure.

— Vrai?

— Oh! je le parierais.

— Et sans avoir recouvré la parole?

— La raison tout au moins, car il avait le délire. Ainsi, Madame, poursuivit Toinon, voilà qui est bien convenu, n'est-ce pas : nous partons pour l'Italie?

— Sans avoir eu des nouvelles de mon fils?

— Nous en aurons quand nous voudrons. Vous verrez qu'il reviendra... Bah! les millions finissent toujours par attirer.

Cette seconde conversation jetait un peu plus de clarté dans l'esprit de Benoît.

Il comprenait vaguement que le journal que Toinon tenait tout à l'heure à la main devait contenir le récit de ces mystérieuses aventures auxquelles les deux femmes avait fait allusion.

Et, dès lors, posséder ce journal devint pour lui le plus ardent désir.

Mais comment s'en emparer ?

Tout à coup il entendit la comtesse qui disait :

— Voici qu'il est cinq heures du matin, encore une nuit blanche que nous avons passée.

— Et, répondit Toinon, si nous continuons, vous tomberez malade, Madame.

— Aussi bien je vais me mettre au lit. Viens me déshabiller, Toinon.

— Oui, Madame.

Au bruit des voix succéda un autre bruit, celui d'une porte qui s'ouvrait et se refermait.

Benoît en conclut que Toinon et la comtesse avaient passé dans une autre pièce, laissant le journal sur une table ou sur un siége.

— Ma foi! se dit-il, qui ne risque rien, n'a rien.

Et Benoît prit un parti héroïque.

Il grimpa sur le couronnement du tuyau de cheminée, puis, à la façon des ramoneurs, il se laissa glisser dedans.

La fumée montait brûlante, et il y avait du feu dans la cheminée.

Mais Benoît aurait passé au travers des flammes de l'enfer, du moment qu'il s'agissait de Dagobert et de la demoiselle Jeanne.

Comme un enfant de la Savoie, il arriva, les cheveux roussis, les mains et le visage couvert de suie, au terme de son singulier voyage ; c'est-à-dire qu'il tomba au beau milieu des tisons qui charbonnaient dans l'âtre.

Mais sa chute ne fit pas de bruit, amortie qu'elle fut par les cendres.

Benoît avait, du reste, calculé juste.

Toinon n'était plus dans sa chambre, mais bien dans celle de la comtesse, et la voix des deux femmes lui arriva à travers la porte.

En revanche, le numéro du *Mercure de France*, objet de sa convoitise, était sur le fauteuil dans lequel tout à l'heure la comtesse était assise.

S'en emparer, remonter d'un bond dans le tuyau de la cheminée, fut pour le bossu l'affaire de quelques secondes. Cinq minutes après, il était sur le toit.

Le jour approchait, mais il était nuit encore et personne n'était levé dans le château.

Benoît se confia de nouveau aux tuyaux de conduite ; il redescendit sur la terrasse et de la terrasse dans la cour.

Les chiens donnèrent au chenil deux ou trois coups de voix ; mais le dogue se tut, et Benoît fuyait déjà dans le parc que rien n'avait encore trahi sa visite nocturne.

Un quart d'heure après, il était en pleine forêt sur la route de la Cour-Dieu, emportant le journal qui allait sans doute lui donner la clé de l'énigme.

LXXIII

Entre Beaurepaire et la Cour-Dieu se trouvait un fond de forêt qu'on appelait encore les Malziques.

Benoît, qui courait à toutes jambes, vit tout à coup un point lumineux à travers les arbres.

Il ne pouvait s'y tromper ; c'était une hutte de bûcherons.

Benoît avait éprouvé une trop vive curiosité à la vue de ce journal dont la lecture semblait intéresser si fort la comtesse des Mazures, pour qu'il eût la patience d'attendre qu'il fut à la Cour-Dieu.

Il piqua donc tout droit sur la lumière et reconnut en effet une cabane de bûcherons occupée par des gens de Sully, le père et le fils, qui avaient à l'entreprise une coupe de charbonnage.

Benoît les trouva faisant leur soupe du matin en attendant le jour.

Le bossu était si bien connu à dix lieues à la ronde du couvent, que les deux bûcherons, en le voyant entrer, ne s'étonnèrent nullement.

— Tu viens de voir tes collets? dit le père.

— Es-tu content? ajouta le fils.

Benoît cligna de l'œil d'un air satisfait.

Puis il frappa ses mains l'une dans l'autre et dit :

— Bigre de bigre! les voisins, savez-vous qu'il fait froid en forêt?

— Chauffe-toi donc, mon Benoît, dit le père.

— Veux-tu une assiettée de notre soupe? ajouta le fils.

— Ce n'est pas de refus, répondit Benoît.

Et il s'assit devant le feu au-dessus duquel la marmite reposait, ayant trois pierres pour chenets.

Après quoi, il tira le journal de sa poche.

— Tiens, dit le père, qu'est-ce que cela?

— C'est une gazette.

— Tu sais donc lire?

— C'est le curé d'Ingrannes qui m'a appris.

— Ça t'amuse donc?

— Non, mais on m'a dit que le prix des avoines était dessus, et j'ai voulu voir.

Sur cette réponse, qui satisfaisait pleinement les deux bûcherons, Benoît déplia la gazette et la parcourut des yeux.

Aujourd'hui, où la matière d'un gros volume ne suffirait pas à remplir un journal ordinaire, Benoît eût été bien embarrassé pour trouver l'article que Toinon avait lu à sa maîtresse.

Mais alors les gazettes étaient toutes petites et il ne fallait pas une demi-heure pour les lire d'un bout à l'autre.

Or, Benoît après avoir d'un œil distrait parcouru un essai philosophique auquel il ne comprit rien, appris que Leurs Majestés le roi et la reine avaient entendu la messe dans la chapelle du palais de Versailles et trois ou quatre autres choses qui ne lui parurent pas beaucoup plus intéressantes, tressaillit tout à coup en lisant ces lignes :

« Le quartier Saint-Germain-des-Prés, à Paris, est sous le coup d'une véritable terreur, et c'est vainement que, depuis trois jours, on cherche l'explication du mystère sanglant de la rue de l'Abbaye... »

Or, Benoît avait vécu trop longtemps dans l'intimité des gens de Beaurepaire pour n'avoir point entendu dire souvent que la comtesse des Mazures avait un hôtel à Paris, dans la rue de l'Abbaye.

Donc, sans aucun doute, c'était l'article commençant par ces mots que Toinon avait lu à la comtesse.

Et, dès lors, Benoît se mit à lire avec la plus grande attention.

Le gazetier poursuivait en ces termes :

« Voici ce qui s'est passé :

« Il y a dans la rue de l'Abbaye un vieil hôtel qui a appartenu jadis à une princesse allemande, la princesse Wilna de Carlotembourg.

« Cet hôtel, confié à la garde de deux vieux suisses, le mari et la femme, n'avait pas reçu la visite de ses maîtres depuis plus de quinze ans.

« Or, depuis deux jours, les habitants de la rue de l'Abbaye avaient pu voir les fenêtres éclairées chaque soir, ce qui était une preuve que l'hôtel, désert si longtemps, était enfin habité.

« Tout en face est une maison appartenant à une brave femme appelée Mme Blaisot, laquelle y vivait avec son fils depuis qu'elle était retirée du commerce.

« Une nuit, Mme Blaisot fut éveillée en sursaut ; elle avait entendu un bruit inaccoutumé au-dessus de sa tête, dans l'appartement de son fils.

« On eût dit que plusieurs personnes y marchaient à grand fracas.

« La bonne dame, présumant quelque choses d'extraordinaire, se leva à la hâte et monta chez son fils.

« Mais son fils n'y était plus.

« En revanche, l'appartement était dans le plus grand désordre, et ce fut avec un étonnement profond que Mme Blaisot s'aperçut que la plaque de la cheminée avait été arrachée, et que cette plaque avait recouvert une armoire de fer qui était grande ouverte et complétement vide.

« Mme Blaisot eut beau interroger ses souvenirs, elle ne put se rappeler comment, et à quelle époque, cette armoire avait pu être placée là.

« Inquiète, elle attendit son fils jusqu'au jour.

« Mais le jour vint et son fils ne parut pas.

« Pendant ce temps-là, une ronde de police trouvait, à sept heures du matin, une échelle dressée contre le mur du vieil hôtel, et présumant que des voleurs s'y étaient introduits, l'officier qui la commandait y pénétra à son tour, suivi de ses hommes.

« Le suisse et sa femme dormaient ou feignaient de dormir.

« En revanche, dans un coin du jardin, un jeune homme, à genoux, prodiguait ses soins à un vieillard qui paraissait moribond.

« Le gazon piétiné en tous sens et deux épées qui gisaient à terre attestaient qu'une lutte acharnée avait eu lieu entre eux, et que le vieillard était tombé percé d'outre en outre.

« Au bas du grand escalier de l'hôtel, on trouva également un cadavre.

« Ce cadavre était celui du fils Blaisot.

« Le malheureux avait à la gorge une blessure triangulaire, faite avec un poignard ou une épée de cour, car on ne sait encore s'il a été assassiné ou s'il est mort en duel.

« Les deux suisses, interrogés, ont affirmé que leurs maîtres étaient partis la veille au soir.

« Le jeune homme qui prodiguait ses soins au vieillard moribond a refusé de dire son nom, et les suisses ont déclaré ne pas le connaître...

« Enfin, en même temps que la bonne dame Blaisot reconnaissait, en poussant des cris lamentables, le corps de son fils, on la mettait en présence du vieillard, et elle n'hésitait pas à déclarer qu'il se nommait le chevalier de Maurelière, qu'il avait logé chez elle autrefois et qu'il lui avait écrit tout récemment une lettre datée du Havre-de-Grâce.

« Le vieillard a été transporté dans un hôpital du voisinage.

« Quant au jeune homme qui s'était battu avec lui et que personne ne connaissait, tout en refusant de dire son nom, il s'est laissé arrêter, se bornant à dire qu'il s'était battu loyalement.

« Il paraissait en proie à un violent désespoir.

« Conduit devant le lieutenant de police, il a été interrogé par ce magistrat, seul à seul, et le lieutenant de police a donné l'ordre qu'on le mît en liberté.

« Comment le fils Blaisot est-il venu trouver la mort dans l'hôtel située vis-à-vis de sa maison?

« Que signifie l'armoire de fer trouvée dans sa chambre? Voilà ce que le chevalier de Maurelière seul pourrait dire; mais son état est désespéré, et, depuis qu'il est à l'hôpital, il n'a recouvré ni la raison ni la parole.

« On se perd en conjectures sur tous ces événements sinistres et jusqu'ici inexplicables.

« On va même jusqu'à dire que M. le lieutenant de police a la clé du mystère, mais qu'il la garde pour lui seul. Espérons que la lumière se fera bientôt. »

Ainsi se terminait ce tragique récit.

Benoît le bossu n'y comprenait vaguement qu'une chose, c'est que l'armoire de fer de la cheminée pouvait bien être celle où l'on avait enfermé autrefois la dot de Mlle Jeanne.

Les deux bûcherons avaient assisté avec quelque étonnement à cette lecture qui paraissait impressionner Benoît, et l'un deux lui dit :

— Il paraît qu'il y a de drôles de choses là-dessus?

— Oui, répondit brusquement Benoît.

Et il mit le journal dans sa poche.

La scupe était prête; mais Benoît dit au bûcherons :

— Je vous remercie, je n'ai pas faim. C'est trop matin pour moi. Je me suis chauffé, ce dont j'avais grand besoin. Merci encore?

Et il s'en alla, tant il avait hâte de rejoindre Dagobert.

Il faisait grand jour, maintenant, et Benoît se remit à bondir de taille en taille, dans la direction de la Cour-Dieu, où sans doute dom Jérôme et Dagobert attendaient son retour avec impatience.

LXXIV

Maintenant que nous avons revu Dagobert, dom Jérôme et Benoît, retournons au petit castel de la Billardière, et voyons ce qui s'était passé depuis le jour où la comtesse Aurore avait amené sous son toit Jeanne, la première fille de Gretchen.

La comtesse Aurore, on a pu le voir, était ce qu'on appelle une femme d'énergie.

Elle avait rompu avec son cousin Lucien, elle avait pris Jeanne, sa sœur, sous sa protection; et elle s'était juré de veiller sur elle nuit et jour.

Pendant une semaine ou deux, le chevalier des Mazures avait paru être entre la vie et la mort, c'est-à-dire qu'il avait si bien joué son rôle de moribond, et de moribond repentant, que dom Jérôme lui-même s'y était trompé.

La nature, à de certaines heures solennelles, fait entendre sa voix, et Aurore n'avait plus songé qu'à une chose, tout d'abord c'est qu'elle était la fille du chevalier.

— Son père avait pleuré de vraies larmes, son père s'était repenti.

Aurore aimait son père et cherchait à oublier la funeste impression qu'elle avait ressentie à la lecture du manuscrit de l'infortunée Gretchen.

Pourtant les femmes ont une clairvoyance qui fera toujours défaut aux hommes.

Le rebouteux d'Ingrannes, en voyant le chevalier se rétablir peu à peu, attribua cet heureux résultat à ses drogues médicinales ; dom Jérôme, le moine pieux, pensa que Dieu avait fait un miracle.

Aurore trouva ce prompt rétablissement quelque peu surnaturel, et les confidences du malheureux Benjamin lui revinrent en mémoire, aussi bien que ce manuscrit tracé par la main mourante de sa mère et qui formulait contre le chevalier de si terribles accusations.

Vainement elle avait cherché à repousser de telles pensées; vainement elle avait essayé de se cramponner à cette idée que le repentir avait touché l'âme d'un grand coupable.

Le doute revenait dans son esprit.

Le chevalier accablait Jeanne de caresses ; mais ces caresses étaient-elles sincères ?

Aurore savait maintenant qu'il y avait quelque part un coffret rempli de titres de rente et de billets de caisse pour une somme énorme, et que ce coffret était la dot de Jeanne.

Or, le chevalier ne le savait-il pas aussi ?

Et la jeune comtesse, interrogeant ses souvenirs, se remémorait les instincts cupides que plus d'une fois elle avait surpris chez son père.

En recueillant Jeanne sous son toit, en l'appelant : « Ma fille, » en l'environnant de tendresse, le chevalier ne songeait-il pas à s'emparer de cette fortune ?

En vain Aurore repoussait-elle ces pensées ; elles l'assaillaient sans cesse.

De son côté, le chevalier n'avait jamais prononcé un mot qui pût laisser croire qu'il connaissait l'existence d'un coffret.

Ce silence même achevait de rendre Aurore défiante. Tant que son père avait été au lit et avait paru en danger de mort, elle n'avait point pressé dom Jérôme d'entreprendre ce voyage de Paris qui devait avoir pour but la recherche du coffret.

Mais à présent le chevalier était sur pied, il avait

fait un nouveau bail avec la vie et ne parlait de rien moins que d'aller passer le prochain hiver à Paris.

Et la comtesse était inquiète et se demandait s'il n'était pas grandement temps de mettre la dot de Jeanne à l'abri de toute surprise.

Un matin, elle s'éveilla, tellement préoccupée de cette idée, qu'elle monta à cheval et prit le chemin du couvent.

Dagobert était dans sa forge quand elle apparut dans le lointain, au sortir de la forêt.

Le malheureux éprouva une telle émotion qu'il ferma sa porte et monta se réfugier dans sa chambre.

Aurore, voyant la porte fermée, crut qu'il était absent, et se trouva d'abord fort embarrassée.

Elle savait qu'une femme ne pouvait pénétrer à l'intérieur du couvent, et elle avait compté sur Dagobert pour aller chercher dom Jérôme.

Heureusement, un moine revenait des champs et salua la comtesse d'un « Dieu vous garde ! » en passant.

Aurore le pria d'aller trouver dom Jérôme et de lui dire qu'elle aurait grand besoin de le voir.

Le moine s'était acquitté de ce message verbal et dom Jérôme était sorti.

Alors la jeune comtesse lui avait dit :

— Monseigneur, je puis quitter mon père à présent, car il est en pleine convalescence, et il serait temps d'aller à Paris chercher le coffret.

Mais dom Jérôme lui avait répondu en souriant que ce voyage serait probablement inutile.

Et il lui avait montré la lettre de M. de Maurelière qui lui annonçait son arrivée au Havre-de-Grâce.

Aurore était revenue à la Billardière toute rassurée.

Chose étrange! le chevalier des Mazures avait été l'unique objectif de sa défiance.

Elle n'avait pas songé une seule fois à la comtesse des Mazures qui, cependant, était partie pour Paris.

Mais ce départ semblait si naturel, du reste...

Lucien, fou de désespoir de l'issue de son explication avec Aurore, avait dû quitter le château brusquement, et sans même faire ses adieux à sa mère.

La comtesse avait sans doute couru après son fils; et l'idée qu'elle pouvait aller, elle aussi, à la recherche du coffret, n'était même pas venue à Aurore.

En revanche, elle était venue au chevalier.

M. des Mazures connaissait mieux que personne sa belle-sœur, et l'audace de cette femme, son génie infernal, sa perspicacité, l'avaient fait trembler bien souvent.

Un jour — il croyait encore devoir garder le lit — il avait entendu deux domestiques causant dans une pièce voisine, et s'entretenant du double départ de M. Lucien et de sa mère.

A partir de ce moment, la défiance du chevalier avait été mise en éveil.

Il ne savait pas lui-même où pouvait être la dot de Jeanne ; mais il avait la conviction qu'elle existait. Du moment que la jeune fille était vivante, du moment qu'elle avait passé sa jeunesse à l'ombre du couvent de la Cour-Dieu, confiée à dom Jérôme et au forgeron Dagobert par ce chevalier de Maurelière qu'on n'avait pas revu, on ne pouvait plus douter que cette fortune en numéraire qu'on n'avait pas retrouvée à la mort du comte des Mazures et de la princesse de Carlotembourg, n'eût été soigneusement cachée et réservée pour la jeune fille.

Or, le chevalier, en recueillant Jeanne chez lui, espérait bien savoir tôt ou tard ce secret et s'emparer de l'argent. Mais du moment que la comtesse était partie aussi brusquement, ne pouvait-il pas supposer qu'elle était plus avancée que lui et que ce qu'il ignorait encore, elle le savait ?

Dès lors, le chevalier avait hâté sa convalescence ;

on l'avait vu renaître à la vie avec une rapidité étonnante.

Un beau matin, il s'était levé et s'était montré tout ingambe.

Trois jours plus tard, il était monté à cheval.

Enfin, un soir, il avait parlé d'aller passer l'hiver à Paris.

Dès lors, chaque matin le chevalier, suivi d'un domestique, faisait à cheval une promenade dans les environs et presque toujours il se dirigeait du côté de Beaurepaire, questionnant adroitement les paysans, demandant si l'on avait des nouvelles de la comtesse et si l'on attendait son retour.

Et précisément ce même jour où nous avons vu Dagobert entrer au cabaret de Sully et en sortir ensuite pour s'aller pendre, le chevalier était sorti comme à l'ordinaire, bien que le temps fût à la puie, et, comme toujours, il avait dirigé sa promenade du côté de Beaurepaire.

C'était dimanche, les paysans se rendaient à la messe avec leurs habits de fête, et le chevalier recueillit sur son chemin bon nombre de coups de chapeau.

Il rencontra ainsi le jardinier de Beaurepaire, celui-là même que Toinon avait fait lever en pleine nuit en lui enjoignant d'atteler son âne à la petite charrette.

C'était, on s'en souvient, un garçon assez niais et qui n'entendait malice à rien.

Le chevalier le connaissait, l'ayant vu venir souvent autrefois à la Billardière, porteur des messages de Lucien pour sa belle cousine Aurore.

— Eh! mon garçon, lui dit-il, tu vas donc à la messe de Fay?

— Oui, monsieur le chevalier, répondit le jardinier, et même que si ce n'était pas un péché, j'aurais bien fait de manquer la messe.

— Pourquoi donc cela, mon garçon?

— Parce que j'ai bien de l'ouvrage au château, monsieur le chevalier.

— Ah bah!

— Mme la comtesse est revenue.

Le chevalier tressaillit, mais son visage demeura impassible.

— Ah! dit-il, elle est revenue?

— Oui, Monsieur.

— Avec son fils?

— Oh! non. M. Lucien est resté à Paris, même que ce matin j'ai entendu mam'zelle Toinon qui disait au piqueur : « Il ne faut plus compter sur M. Lucien, il ne reviendra pas. »

— Et, reprit le chevalier, Mme la comtesse doit être bien triste, en ce cas?

— Ma foi non, Monsieur.

— En vérité !

— Ce matin, mam'zelle Toinon et elle paraissaient contentes comme des reines.

Un soupçon traversa l'esprit du chevalier.

— Eh bien ! tant mieux ! dit-il assez brusquement. Bonsoir, mon garçon.

Et il poussa son cheval.

Mais au lieu de continuer sa promenade, il revint en toute hâte à la Billardière.

Une grande agitation s'était emparée de lui, et cette idée que la comtesse avait mis la main sur la fortune de Jeanne lui travailla dès lors l'esprit avec une persistance inouïe.

Il s'enferma dans sa chambre, prit sa tête à deux mains et se mit à réfléchir.

Il était redevenu tout à coup plus jeune de vingt ans, et son génie infernal se mit à chercher des combinaisons et à rêver au moyen de voir la comtesse et de lui arracher le secret de son voyage à Paris.

Le hasard devait servir le chevalier.

Le *Mercure de France* paraissait alors deux fois par mois, et le chevalier, comme presque tous les gentilshommes de province qui se piquaient de philosophie et de littérature, y était abonné.

Le *postillon*, comme l'on disait dans les campagnes, l'avait apporté le matin au château.

M. le marquis l'aperçut sur la table et l'ouvrit distraitement.

Puis il se mit à le parcourir des yeux, tout en laissant son esprit chercher la combinaison dont il avait besoin pour se réconcilier avec la comtesse.

Mais tout à coup le chevalier eut un geste d'étonnement. Les mots de *rue de l'Abbaye* avaient attiré son attention, et il venait de tomber sur cet article qui racontait tout au long le mystérieux événement dont le vieil hôtel de la princesse de Carlotembourg avait été le théâtre.

Et tout à coup un voile se déchira dans l'esprit du chevalier; il vit clair, il devina, il comprit...

La comtesse des Mazures était en possession du coffret.

— Oh! s'écria-t-il alors avec un accent de rage, part à deux, comtesse! part à deux!

Et il jeta la gazette au feu, de peur qu'elle ne vînt à tomber aux mains de sa fille.

LXXV

Reportons-nous à présent à ce moment où Benoît le bossu, après avoir grimpé sur le toit du château de Beaurepaire, était descendu par le tuyau de la cheminée dans la chambre de Toinon, afin de s'emparer de ce journal qui l'avait tant intrigué.

Toinon, on s'en souvient, était passée dans la pièce voisine qui était la chambre de la comtesse pour aider celle-ci à se mettre au lit.

Pendant ce temps-là, Benoît avait volé le journal et s'était sauvé.

La conversation dont le bossu, aux écoutes au haut du toit, avait saisi quelques lambeaux, s'était continuée entre les deux femmes dans la chambre de la comtesse, tandis que cette dernière faisait une toilette de nuit.

Jamais Toinon, l'infernale bohémienne, ne s'était montrée plus gaie, plus insoucieuse que ce soir-là.

— Madame, disait-elle, nous n'avons pas vécu ving années ensemble, poursuivant un même but, pour devenir niaises et ridicules, une fois ce but atteint.

Vous vouliez le coffret, et pour cela nous avons foulé aux pieds un tas de choses, comme par exemple l'amour filial de M. Lucien....

— Pauvre Lucien! soupira la comtesse.

— Nous n'avons pas fait tout cela, continua Toinon, pour nous arrêter en si beau chemin.

— Que veux-tu donc faire? demanda la comtesse.

— N'est-il pas convenu que nous partons?

— Ah! oui.

— Que nous allons acheter un palais à Venise, sur le grand canal, auprès du pont des Soupirs, un palais de marbre et d'or... avec des objets d'art pour plusieurs millions... Nous donnerons des fêtes... on vous aimera... car vous êtes si belle encore...

La comtesse eut un sourire moitié tristesse et moitié orgueil.

— J'aimerais mieux l'amour de mon fils, dit-elle.

— On ne peut pas tout avoir, dit sèchement la bohémienne.

— Toinon, dit encore la comtesse, je meurs de sommeil, et j'ai avec cela des envies de pleurer; laisse moi dormir.

Toinon alluma une veilleuse et souffla les bougies.

— Bonsoir, ma bonne maîtresse, dit-elle; à demain!... demain nous ferons nos préparatifs de départ.

Et Toinon, glissant sur la pointe du pied, repassa dans sa propre chambre.

Benoît était tombé si lestement de la cheminée dans le foyer, un quart d'heure auparavant, qu'il n'avait rien dérangé, et qu'il ne restait d'autre trace de son passage que la disparition du *Mercure de France*.

Mais Toinon, que le journal n'intéressait plus, ne

s'aperçut point qu'il n'était plus sur le fauteuil où elle l'avait laissé.

Toinon avait, du reste, bien autre chose en tête.

Au lieu de se mettre au lit, elle ouvrit sa fenêtre toute grande et s'y accouda.

La nuit était froide, calme, silencieuse, un peu obscure.

Le jour n'était pas levé et on voyait à l'horizon, au-dessus de la forêt, comme un filet de gris argenté qui frangeait le ciel encore noir.

Toinon exposa son front aux âpres caresses de l'air froid du matin.

— Oui ! murmura-t-elle, j'ai cru que ma *bonne maîtresse* fondrait un petit peu en larmes avant de se coucher.

Celui qui eût pu entendre Toinon parler ainsi, eût remarqué peut-être un accent de sourde ironie dans sa voix, tandis qu'un sourire diabolique errait sur ses lèvres.

— O Venise ! dit-elle encore, c'est bien le pays que j'ai rêvé... c'est bien là que j'accomplirai mon désir.

Elle avait une flamme sombre dans les yeux, et qui l'eût vue ainsi, en ce moment, l'eût trouvée presque belle, cette créature noire et difforme, tant la passion sauvage qui la mordait au cœur la transfigurait.

Toinon avait longtemps vécu de la vie de la comtesse, s'associant à ses haines, poursuivant avec elle la conquête de cette fortune qui longtemps avait été à l'état de rêve pour ces deux femmes.

Mais le rêve était réalisé. La comtesse des Mazures avait rapporté à Beaurepaire ce coffret mystérieux qui renfermait la fortune de Jeanne, et l'héritage de la princesse Hélène de Carlotenbourg.

Et voici que tout à coup un sentiment nouveau, une série de pensées toutes différentes de celles qui avaient dicté sa conduite jusque-là, s'étaient emparés de l'esprit et du cœur de la bohémienne.

Elle qui avait partagé les haines de la comtesse, fondant pour ainsi dire son âme avec la sienne, acceptant le rôle de servante, du moment qu'elle faisait le mal, avait tout à coup senti sa personnalité se dégager de cette association.

Elle avait trouvé le coffret; mais c'était la comtesse qui était riche et non pas elle.

Elle, Toinon, serait toujours l'être difforme, la bohémienne, l'esclave dévouée et craintive.

Et Toinon, en songeant à cela, s'était mise à rire d'abord, mais avait eu dans le cœur comme un ouragan de colère; puis encore, les souvenirs de son infamie, souvenirs oubliés, effacés, éteints, ces souvenirs étaient revenus tout à coup, vivaces, ardents, pleins de fougue.

Le sang bohémien fouettant tout à coup ses veines, affluant à son cœur, bourdonnant autour de ses tempes, était devenu bouillant au contact de ces souvenirs.

Elle s'était revue petite fille, marchant avec peine, le corps enveloppé dans un lambeau de haillon rouge, sous les portiques sombres de ces palais vénitiens dont, tout à l'heure, elle parlait avec enthousiasme à la comtesse.

Elle se souvenait tout à coup d'un gondolier, un grand et beau garçon au cheveux d'ébène, au teint olivâtre, aux lèvres de corail et aux yeux qui brillaient comme des saphirs.

Ce gondolier, appuyé mélancoliquement sur un de ses avirons, tandis que sa barque s'en allait à la dérive, avait remarqué la petite fille un soir et lui avait dit en souriant :

— C'est dommage que tu sois bossue, mon enfant, car tu es belle de visage et tu as des yeux à damner un chrétien. Par la Madone, si l'on ne voyait pas ton corps, on aimerait ton visage !

Il y avait plus de vingt ans de cela.

Comment ce souvenir était-il revenu à Toinon ?

Voilà ce que nul n'aurait pu dire ; mais Toinon avait revu tout à coup, en fermant les yeux, le beau gondolier, et elle s'était dit, la mécréante et la femme qui savait que tout se vend en ce monde :

— Je veux aller à Venise, je veux retrouver ce gondolier, et maintenant que nous avons de l'or à foison, j'achèterai son amour.

Du moment que Toinon eut fait ce rêve, elle ne se sentit plus identifiée aussi complétement à la comtesse.

Celle-ci, en définitive, était la maîtresse ; elle, Toinon, n'était que l'esclave.

Esclave favorite, il est vrai, et à qui l'on ne refusait point une part du butin, mais dont on se rirait peut-être quand on saurait que cet être difforme avait le cerveau troublé par un rêve d'amour.

Et Toinon, accoudée à sa fenêtre, les yeux fixés sur le ciel qui s'éclaicissait peu à peu, Toinon songeait à tout cela et se disait :

— Ma maîtresse est belle encore, et le gondolier l'aimerait s'il la voyait.

Dès lors, un sentiment de jalousie s'était glissé au milieu de cette affection pleine d'humilité et de dévouement qu'elle avait vouée depuis si longtemps à cette femme dont la perversité était égale à la sienne.

Ce sentiment avait grandi tout à coup, pareil à ces plantes qui croissent en quelques heures sous le soleil des tropiques.

Et Toinon, de retour à Beaurepaire, Toinon rêvant de Venise et de ses gondoliers, s'était prise tout à coup à haïr la comtesse des Mazures.

Donc, la bohémienne poursuivait, à la fenêtre, son rêve de haine et d'amour.

Et, soudain, une idée traversa son cerveau, comme un éclair se détache d'un ciel orageux.

Mais cette idée était fulgurante et terrible.

— Je suis folle, se dit-elle. Il y a vingt ans de cela, et le gondolier doit avoir les cheveux gris.

Heureusement, après cette pensée décevante, une autre pleine d'espoir pénétra dans son cœur.

— Mais Venise a toujours des gondoliers, se dit-elle, et il en est de jeunes et de beaux en tous les temps.

Son rêve d'amour la reprenait. L'idole seule était changée.

Et elle demeura là, absorbée, palpitante, oubliant les heures qui passaient, et le jour vint.

Alors des pas se firent entendre au-dessous de la fenêtre, et Toinon, se penchant, aperçut le jardinier qui poussait sa brouette devant lui.

C'était celui-là même que le chevalier des Mazures avait rencontré, pendant sa promenade à cheval, le matin précédent.

Il leva la tête et aperçut Toinon à la fenêtre.

— Hé! Mam'zelle, dit-il, puisque vous êtes si matinale que ça, à ce matin, vous devriez bien descendre un brin par ici.

— Pourquoi donc? demanda Toinon, subitement arrachée à son rêve.

— Parce que j'ai une commission pous vous.

— Ah! fit Toinon; et qui donc t'a chargé d'une commission pour moi?

— Le beau-frère de madame, dit le jardinier.

Toinon tressaillit.

Que pouvait donc lui vouloir le chevalier des Mazures?

Et la bohémienne descendit sur la pointe du pied pour ne pas éveiller la comtesse, qui dormait sans doute, et elle rejoignit le jardinier, qui s'était assis sur sa brouette, retournée sens dessus dessous.

LXXVI

Que pouvait lui vouloir le chevalier?

Telle était la question que s'adressait Toinon en descendant.

En même temps, Toinon se disait :

— J'ai là un bien joli auxiliaire, pour le cas où j'en aurais besoin.

Toinon savait par expérience ce qu'on pouvait tirer du chevalier à l'occasion.

— Eh bien! dit-elle en rejoignant le jardinier, de quoi est-il question ?

— Mam'zelle, répondit celui-ci, hier matin je suis allé à la messe de Fay et j'ai rencontré M. le chevalier qui se promenait à cheval. Il m'a demandé des nouvelles de Mme la comtesse et de M. Lucien.

— Et que lui as-tu répondu?

— Que M. Lucien était à Paris et que Mme la comtesse était revenue seule.

— Après?

— M. le chevalier ne m'a plus rien dit et j'ai continué mon chemin ; mais une heure après, comme je sortais de la messe, j'ai trouvé le piqueur de mam'zelle Aurore qui m'a dit de passer à la Billardière.

— Ah!

— J'y suis allé et j'ai vu M. le chevalier assis au bout du jardin tout contre la grille, qui m'a dit en clignant de l'œil : « Que préfères-tu de deux pistoles ou de dix coups de bâton? »

Vous pensez bien, Mam'zelle, dit le jardinier avec un gros rire, que je n'ai pas hésité. Alors M. le chevalier m'a dit :

« Si tu fais la commission que je vais te donner, fidèlement et discrètement, tu auras deux pistoles. Si tu as le malheur d'en parler à âme qui vive, je te promets les dix coups de bâton. »

Vous pensez si j'ai promis de me taire.

Pour lors, M. le chevalier m'a bien recommandé de vous remettre ceci quand nous serions tout à fait seuls.

Le jardinier tira une lettre de sa poche.

Toinon l'ouvrit et lut :

« Demain matin, à neuf heures, dans la forêt, au Puits-du-Roi, rendez-vous important. Il s'agit de Jeanne. Donnez au porteur deux pistoles, que je vous rendrai. »

Le chevalier n'avait pas signé ; mais Toinon connaissait son écriture depuis quelque vingt années.

— Et tu n'as montré cette lettre à personne ? dit-elle en regardant le jardinier sévèrement.

— A personne, Mam'zelle.

— Tu n'as dit à personne que tu avais vu M. le chevalier ?

— Ma foi, non !

Toinon tira sa bourse et donna les deux pistoles. Puis elle ajouta :

— Tu tiens à ta place, n'est-ce pas?

— Dame ! fit naïvement le jardinier.

— Eh bien ! je te ferai chasser ce soir par madame, si tu dis un mot de tout cela à qui que ce soit.

— Oh ! soyez tranquille, dit le rustre.

— Et si tu es muet, tu auras deux pistoles de plus.

Le jardinier se leva et Toinon remonta dans sa chambre.

Il était à peine sept heures du matin ; il n'y avait pas une demi-lieue du château à ce carrefour de forêt, appelé le Puits-du-Roi, et que le chevalier assignait à la bohémienne pour rendez-vous.

Elle avait donc le temps de réfléchir.

Deux hypothèses se présentèrent simultanément à son esprit.

La première était celle-ci.

Le chevalier avait deviné le but du voyage de la comtesse à Paris.

Et, dans ce cas, il voulait sa part du gâteau.

La seconde, plus simple, paraissait être la plus probable, d'autant mieux que la lettre y faisait allusion. Le chevalier voulait se débarrasser de la fille comme il avait fait autrefois de la mère, et il demandait le concours de ces deux femmes qui l'avaient aidé à tuer la malheureuse Gretchen.

— De toutes façons, pensait Toinon, je n'en parlerai pas à la comtesse.

D'ailleurs, elle dort, et je serai de retour du Puits-du-Roi avant son réveil.

Et Toinon se replongea dans son rêve de fortune et d'amour.

Sans doute que, pendant sa rêverie, quelque

inspiration bizarre traversa tout à coup son cerveau, car elle se dit :

— Hé ! hé ! qui sait ? le chevalier est capable de tout, quand il s'agit d'argent.

Sur cette mystérieuse réflexion, la bohémienne fit un bout de toilette.

Son corps, on le sait, était difforme, mais avec son visage aux tons olivâtres, ses grands yeux noirs, ses lèvres rouges, ses cheveux couleur aile de corbeau, elle n'était pas dépourvue d'une certaine beauté âpre et sauvage.

A huit heures, Toinon entra sur la pointe du pied dans la chambre de la comtesse.

Celle-ci dormait profondément.

Alors Toinon sortit du château par le petit escalier qui descendait dans le parc, se dirigea vers la grille et gagna le chemin qui conduisait en forêt.

Elle était drapée dans un grand manteau gris, à revers rouge, qui lui seyait d'autant mieux qu'il dissimulait la difformité de sa taille et qui avait, en outre, l'avantage de faire prendre la fuite aux paysans.

Depuis quinze ans qu'elle était à Beaurepaire, Toinon n'avait pu parvenir encore à passer, comme l'on dit, pour une personne naturelle.

Telle bonne femme qui la rencontrait se signait

dévotement, persuadée qu'elle avait affaire à un suppôt de l'enfer.

On ne l'avait jamais vue à la messe, du reste, et cela suffisait pour donner raison aux croyances populaires.

— Je suis bien sûre ainsi, se disait-elle en gagnant la forêt d'un pas alerte, que personne ne viendra écouter notre conversation.

Quelques minutes avant neuf heures, elle était au Puits-du-Roi.

C'était un carrefour de forêt où il y avait en effet un puits, et où aboutissaient quatre routes forestières.

Il s'y trouvait une ancienne maison de garde, abandonnée depuis longtemps, dont il ne restait plus que les quatre murs et dans laquelle les chasseurs pris par la pluie ou le mauvais temps trouvaient à l'occasion un abri.

Bien qu'elle arrivât avant l'heure, Toinon avait été devancée par le chevalier.

Elle vit le cheval du gentilhomme attaché à la porte de la maison, et par la baie d'une fenêtre elle aperçut celui-ci qui la regardait venir.

Toinon entra.

La maison n'avait pas de meubles, mais les bergers et les bûcherons y avaient apporté de grosses pierres et des troncs de vieux chênes qui servaient de siéges.

Le chevalier était assis quand Toinon parut.

— Bonjour, ma petite, lui dit-il.

— Bonjour, monsieur le chevalier, répondit-elle en se laissant prendre la main que M. des Mazures serra galamment.

— Tu es exacte, petite.

— Toujours, répondit Toinon.

Et elle s'assit et attendit.

— Comment va ta maîtresse?

— Elle dort.

— Sait-elle que tu es ici.

Toinon regarda le chevalier dans le blanc des yeux.

— J'ai pensé, dit-elle, que telle n'était pas votre intention.

— Tu es une fille d'esprit, Toinon.

Toinon se leva.

— Maintenant, reprit le chevalier, nous allons causer, n'est-ce pas?

— Comme il vous plaira.

— Toinon, je m'ennuie.

— En vérité!

— Et il m'est passé une idée folle par la tête.

— Bah! fit la bohémienne impassible.

— Je me remarierais volontiers.

— Vraiment, fit la bohémienne avec un sourire.

— Approche donc que je te dise cela en confidence.

Et le chevalier, qui tenait toujours Toinon par la main, l'attira auprès de lui.

— J'épouserais volontiers, reprit-il, une fille d'esprit qui m'apporterait une jolie dot.

— Peste, dit-elle en riant.

— Quelque chose comme certain coffret...

Toinon tressaillit.

— Que voulez-vous dire? fit-elle.

— Ma petite, reprit le chevalier, nous sommes de vieilles connaissances, et nous avons l'habitude de nous comprendre à demi-mots, n'est-ce pas?

— Cela est vrai.

— La comtesse et toi vous êtes allées à Paris?

— Courir après M. Lucien, dit Toinon.

— D'abord, et, par la même occasion, voler le fameux coffret que nous avons tant cherché depuis quinze ans. Maintenant, je te dirai que j'ai lu ce matin le *Mercure de France* qui raconte tout au long certain drame mystérieux qui s'est passé rue de l'Abbaye...

— Ah! vous savez cela? fit la bohémienne.

— Oui; par conséquent, jouons cartes sur table.

— Je ne demande pas mieux.

— La comtesse t'a-t-elle fait ta part?

Un sourire ironique vint aux lèvres de Toinon.

— Pourquoi me l'aurait-elle faite ? dit-elle. La comtesse me considère comme une servante dévouée, à qui il suffit de jouir de son opulence.

— J'attendais cette réponse, dit le chevalier simplement. Tu as trop d'esprit et je te connais trop bien pour croire une minute à ton dévouement. Tu dois haïr la comtesse.

— Comme les vainqueurs se haïssent au lendemain de la victoire.

— Eh bien! dit le chevalier, veux-tu devenir Mme des Mazures?

— Et voler le coffret une seconde fois?

— Naturellement.

— Oui et non, dit la bohémienne.

— Singulière réponse, fit-il.

— Qui est fort claire, comme vous allez voir. Je suis superstitieuse, vous le savez.

— Bon!

— Si je faisais le moindre tort à ma bonne maîtresse, continua la bohémienne avec un accent d'ironie, j'ai dans l'idée que cela me porterait malheur.

— Ah! vraiment?

— Mais je peux laisser faire.

— Hein? fit le chevalier clignant de l'œil.

— Je ne suppose pas, dit Toinon, que si vous m'épousez, nous resterons dans ce pays-ci ?

— Non, nous filerons à l'étranger, en Allemagne ou en Italie.

— Eh bien ! supposez que je vous dise : » La comtesse couche avec le coffret sous son oreiller ; pour l'avoir, il faut l'assassiner ; mais cela n'est pas difficile, attendu qu'on peut entrer chez elle, au milieu de la nuit, par la porte de ma chambre, que je laisserai ouverte.... Je suis négligente quelquefois.

— Mais toujours spirituelle, dit le chevalier, qui embrassa Toinon fort tendrement.

. . . .

Une heure après, Toinon rentrait au château, tandis que le chevalier s'en allait par la forêt.

La bohémienne était radieuse et murmurait :

— Le chevalier est un homme de quelque mérite, et certes il a le génie du mal, mais je crois que, cette fois, il ne sera pas de force avec moi.

Ces gentilshommes sont d'une outrecuidance !...

Je ne veux pas être Mme des Mazures, je veux être mieux que cela... princesse, et avoir un palais à Venise !...

Par conséquent, je veux le coffret pour moi seule !

La comtesse dormait encore et nul, si ce n'est le jardinier, ne s'était aperçu de l'absence de Toinon,

LXXVII

Le chevalier des Mazures n'était pourtant pas le seul, maintenant, à avoir le secret de la comtesse, et à savoir ce qu'était devenu le coffret.

Tandis que Toinon et lui complotaient quelque mystérieux départ, dans la maison du garde abandonnée, au Puits-du-Roi, Benoît le bossu arrivait à la Cour-Dieu et remettait à Dagobert ce numéro du *Mercure de France* qu'il avait pris dans la chambre de Toinon.

La lecture des premières lignes fut toute une révélation pour dom Jérôme.

Ce vieillard frappé en duel, et peut-être mortellement, pouvait-il ne pas le reconnaître ?

C'était M. de Maurelière.

La plaque de cheminée arrachée, l'armoire de fer ouverte, c'était le vol du coffret.

Enfin, il était impossible de s'y tromper, le coffret avait été certainement volé par la comtesse des Mazures et sa servante ; les lambeaux de conversation saisis par Benoît, au travers du tuyau de la cheminée, étaient là pour l'attester.

Une sorte de désespoir s'était tout d'abord emparé de dom Jérôme.

Son ami mort ou mourant, la fortune de Jeanne disparue, c'étaient là des coups sous lesquels le vieillard se courba un moment, se demandant si telle n'était pas la volonté de Dieu.

Mais Dagobert s'écria :

— Ils ont compté sans moi. Dussé-je mettre le feu au château de Beaurepaire, il faudra qu'elles restituent !

— Et je te mènerai, dit à son tour Benoît, par un chemin où personne ne nous verra passer. D'aucuns entreraient par la porte, mais moi, je n'ai pas besoin de cela.

Et le bossu, qui était fécond en imagination, se prit à développer un plan stratégique qui n'était pas sans mérite.

Il devait conduire Dagobert, la nuit prochaine, à Beaurepaire et le faire entrer par la cour où les chiens, qui le connaissaient, n'aboieraient pas.

Puis il grimperait le long du tuyau de conduite jusqu'à la terrasse; trouverait, sans nul doute, une fenêtre ouverte; pénètrerait ainsi dans le château, et descendrait ouvrir à Dagobert.

Alors, tous deux, grâce à la connaissance parfaite des lieux qu'avait Benoît, s'introduiraient dans l'appartement de la comtesse, bâillonneraient les deux femmes et le poignard à la main se feraient restituer le coffret.

Dom Jérôme repoussa ce projet.

— Vous ne bougerez pas, dit-il, ce n'est ni vous ni moi qui irons à Beaurepaire.

— Qui donc, alors? demanda Dagobert.

— La comtesse Aurore, répondit dom Jérôme.

Quand il parlait de la comtesse, le prieur-abbé songeait pareillement à M. le chevalier des Mazures.

Il avait entendu en confession le père d'Aurore; il savait, ce qu'il ne pouvait dire, que le chevalier seul pourrait arracher des mains de la comtesse le coffret volé.

Or, dom Jérôme croyait au repentir du chevalier: et même, eût-il douté de ce repentir, entre deux malheurs, il fallait choisir le moindre, c'est-à-dire risquer que le chevalier touchât à la fortune de Jeanne plutôt que de la voir perdue à jamais.

Le chevalier était vieux; il aimait sa fille; Aurore était là pour protéger Jeanne, et M. des Mazures, selon la naïveté de dom Jérôme, ne pouvait avoir un intérêt direct à conserver pour la retenir, cette fortune, dont, du reste, il aurait forcément la gestion.

Par conséquent, le vieil abbé était monté à cheval et il avait pris, escorté par Dagobert, le chemin de la Billardière, où il était arrivé un peu après le départ du chevalier, se rendant au Puits-du-Roi.

. . . .

La mystérieuse conférence du chevalier et de Toinon avait duré plus d'une heure.

La bohémienne et le gentilhomme avaient concerté un plan de la plus grande habileté.

Tel était, du moins, l'opinion du chevalier, qui s'en revenait au petit trot de son cheval.

M. des Mazures devait se glisser hors de chez lui, entre neuf et dix heures du soir, lorsque Jeanne et sa sœur Aurore seraient rentrées dans leur appartement.

La Billardière, plutôt pied-à-terre de chasse que château, était ouvert à tout venant. Le parc n'avait point de grille, et on ne fermait jamais la porte de la cour.

Le chevalier comptait donc sortir de chez lui, descendre aux communs par un escalier de service, seller un cheval lui-même et prendre le chemin du château de Beaurepaire à travers la forêt.

Toinon, pendant cette journée-là, ne devait pas non plus rester inactive.

Il y avait à Beaurepaire un cheval sur la vitesse duquel on pouvait compter, et un homme dont on se servirait comme d'un instrument.

Le cheval, celui de Lucien, bien que cheval de chasse, était souvent attelé à une petite voiture d'osier à deux roues, et accomplissait un trajet de cinq lieues en moins d'une heure.

L'homme, on le devine, était ce jardinier idiot qui, moitié par peur, moitié par intérêt, s'était fait l'esclave de Toinon. Ce jardinier devait, à peu près à la même heure où le chevalier quitterait Beaurepaire, atteler le cheval à la carriole d'osier et le conduire au Puits-du-Roi.

Le chevalier laisserait sa monture au jardinier et il irait rejoindre Toinon.

Toinon l'attendrait au bout du parc.

Là, elle le prendrait par la main et le ferait monter dans sa chambre, où elle le cacherait, en attendant que le moment de le faire entrer chez la comtesse fût venu.

Le drame accompli, le coffret enlevé, ils gagneraient en toute hâte le Puits-du-Roi, monteraient dans la carriole, et, par une terou de forêt que Toinon connaissait bien, ils gagneraient Pithiviers en une heure ou une heure et demie au plus, c'est-à-dire bien avant le jour.

Là, la carriole serait remplacée par une chaise de poste, et ventre à terre on se dirigerait vers Paris.

Une fois là, le chevalier était tranquille, il se cachait quelques jours, se procurait un passeport allemand, et Toinon et lui passaient à l'étranger.

Peut-être la bohémienne avait-elle également fait ces rêves; mais si l'on avait pu lire dans la pensée du chevalier tandis qu'il s'en revenait fort tranquillement à la Billardière, on aurait vu qu'il songeait déjà à se débarrasser de Toinon.

Il la conduirait à Venise où il l'épouserait. — Le chevalier était un galant homme, palsambleu ! et il tenait ses promesses, mais Venise est une ville pleine de mystères et d'ombre.

On y trouverait des bravi peu scrupuleux, d'honnêtes gondoliers qui pour quelques ducats feraient couler à pic leur gondole, et Toinon, si elle ne savait pas nager, pourrait bien se noyer. Enfin le chevalier, que rien n'embarrassait, avait trouvé le moyen d'expliquer son absence à sa fille Aurore et de justifier sa conduite dans le cas où il serait prouvé ultérieurement qu'il avait assassiné la comtesse des Mazures. Et ce moyen était bien simple, en vérité !

Partant de ce principe que la comtesse Aurore ignorait l'existence du coffret, le chevalier avait résolu de laisser à sa fille une lettre qu'elle trouverait après son départ.

Dans cette lettre, il lui dirait simplement : « Ta mère n'étant pas vengée, je vais jouer le rôle de la Providence. »

Dès lors, sa fuite précipitée serait suffisamment expliquée, et nul ne supposerait qu'il allait épouser Toinon à Venise.

Le chevalier avait donc préparé toutes ces savantes combinaisons lorsque, en revenant à la Billardière, il aperçut un cheval dans la cour, et reconnut la lourde monture du prieur-abbé de la Cour-Dieu.

En même temps, un domestique lui annonça que Mᵐᵉ Aurore l'attendait avec impatience.

Le chevalier avait un de ces visages impassibles que ne trahit jamais aucune émotion.

Il monta donc à l'appartement de sa fille, parut fort étonné d'y trouver le forgeron et le prieur-abbé, et il attendit.

— Mon père, lui dit Aurore, vous aimez Jeanne, n'est-ce pas?

— Presque autant que toi, et, dit le chevalier avec une naïveté hypocrite, je prendrai sur ta propre fortune pour la doter convenablement.

— Mon père, répondit Aurore, il y a un mois Jeanne était fabuleusement riche.

— Allons donc !

Le chevalier regarda sa fille avec un étonnement merveilleusement joué, et il se dit *in petto :*

— Voilà qu'ils connaissent l'existence du coffret.

Aurore poursuivit :

— On lui a volé sa fortune.

— Mais quelle fortune? dit encore le chevalier, qui semblait tomber des nues.

Ce fut au tour de dom Jérôme à prendre la parole.

Le vieillard raconta succinctement alors l'histoire

du coffret, puis tendit au chevalier, à l'appui de son récit, le numéro du *Mercure de France*.

— Mon père, dit Aurore, vous seul pouvez forcer la comtesse à rendre cet argent.

— Oui, répondit le chevalier dont une sourde joie envahissait le cœur, tu as raison, moi seul peux tout. Il y a des secrets entre la comtesse et moi, et ces secrets me font le maître de la situation.

Puis se tournant vers dom Jérôme :

— Mon père, dit-il, je vous promets qu'avant trois jours le coffret sera entre mes mains si, toutefois, on me laisse agir à ma guise.

Aurore regarda son père.

— Mon enfant, dit le chevalier, écoute-moi.

— Parlez, mon père.

— Ce soir après dîner, je monterai à cheval.

— Ah !

— Et je prendrai le chemin de Beaurepaire.

— Seul ?

— Tout seul.

Un sourire lui vint aux lèvres.

— Sois tranquille, dit-il, je ne cours aucun risque. La comtesse, si astucieuse, si résolue qu'elle puisse être, tremblera devant moi.

— Oh ! fit Aurore, c'est qu'elle a avec elle une femme capable de tout.

— Toinon ?

— Oui.

— J'aurai raison de Toinon pareillement. Maintenant, écoute encore.

Aurore regarda son père.

— Je ne reviendrai pas la nuit prochaine, dit le chevalier.

— Pourquoi?

— C'est mon secret, ou plutôt, c'est le moyen de ravoir le coffret. Je coucherai à Beaurepaire et j'y passerai sans doute la journée de demain.

— Tout entière?

— Oui.

Sur ce dernier mot, le chevalier leva ses yeux au ciel.

— Oh! fit-il d'une voix émue, la Providence m'a donc pardonné qu'elle me fournit l'occasion de réparer mes torts envers ma sainte Gretchen.

Et on vit des larmes rouler dans ses yeux.

. . . .

Le soir, à neuf heures, le chevalier quitta la Billardière, non plus furtivement, mais ouvertement, en embrassant tendrement sa fille.

— Les imbéciles! murmura-t-il en donnant un coup d'éperon à son cheval.

LXXVIII

Le ver qui rampe dans la fange est envieux de l'étoile qui brille au ciel.

Il est une légende qui raconte l'histoire de deux anges déchus, dont l'un se brisa tellement dans sa chute, qu'il en demeura tout difforme, tandis que l'autre conservait son infernale beauté.

Le premier, qui avait conspiré avec l'autre, partagé sa disgrâce et embrassé toutes ses haines, se prit à haïr son compagnon de toutes les forces de son âme.

Cette légende aurait pu s'appliquer à Toinon la bohémienne.

Pendant vingt ans elle avait été l'âme damnée de la comtesse des Mazures; elle l'avait servie fidèlement, tant que ces êtres avaient eu le mal à faire en commun.

Maintenant le mal était fait; il n'y avait plus qu'à jouir de la victoire.

Et Toinon s'était éveillée haïssant mortellement celle dont elle avait été l'esclave docile.

Toinon, l'être tortu et déjeté, abhorrait la comtesse encore belle et se riait des années accumulées sur sa tête.

Toinon rêvait de se venger d'avoir été sa servante.

La comtesse s'était si bien méprise sur cette fille, elle l'avait si bien jugée comme sa vivante incarnation, qu'elle n'avait pas même songé à lui dire : « Je vais te faire ta part. »

Et Toinon haïssait d'autant mieux maintenant Mme des Mazures.

Et puis, comme on l'a vu, Toinon avait des fantaisies d'amour; Toinon rêvait des gondoliers de Venise.

Peut-être avait-elle déjà songé à se venger elle-même, à assassiner sa maîtresse et à prendre la fuite, emportant le coffret.

Le chevalier était arrivé à point.

Toinon aimait autant lui mettre un poignard dans la main que frapper elle-même.

Quant à ce rêve que le chevalier avait fait d'avoir le coffret en échange de sa main, on verra combien il connaissait peu la bohémienne.

L'astucieuse fille avait tout préparé durant cette journée qui devait précéder sa fuite.

Le jardinier, ce benêt naïf, avait pansé le cheval et graissé en tapinois les roues de la carriole.

Le soir venu, c'était elle qui, selon l'habitude, avait servi le souper de la comtesse.

Debout derrière sa chaise, tandis que la comtesse était à table, elle avait jasé tout le temps, faisant miroiter aux regards de Mme des Mazures ce palais vénitien dans lequel elle devait recommencer une seconde jeunesse, et, dans un demi-jour favorable, fasciner et séduire toute cette brillante jeunesse italienne qui s'enivre au bruit des piles d'or s'écroulant sous une main prodigue, et aux éblouissements des diamants et des pierreries qui s'enflamment au feu des bougies.

La comtesse lui souriait, et cette mélancolie qui lui venait de l'absence et du mépris de son fils se dissipait peu à peu aux accents de cette voix de démon séducteur.

Et tout en souriant, la comtesse trempait ses lèvres dans un gobelet rempli de vieux vin de Constance auquel la bohémienne avait mêlé un narcotique semblable à celui que le malheureux Blaisot avait absorbé à Paris, quelques jours auparavant.

Et il n'était pas encore huit heures du soir, que la comtesse, alourdie, ferma brusquement les yeux et s'endormit.

— Bon! murmura alors Toinon, elle ne fera pas de résistance au chevalier.

Alors la bohémienne traîna la comtesse endormie dans sa chambre, elle la prit à bras-le-corps et la posa sur son lit.

Là elle se mit en devoir de lui dégrafer sa robe, de déchirer brutalement le fichu qu'elle avait au cou, et de lui prendre une petite clé qu'elle portait jour et nuit depuis son retour de Paris.

Cette clé était celle d'un meuble dans lequel avait été serré le fameux coffret.

Toinon ouvrit le meuble, prit le coffret, le cacha sous sa robe et descendit par l'escalier de service dans le parc.

C'était là que, derrière une charmille, le jardinier attelait le cheval à la carriole.

Toinon lui dit :

— Prends Minos et enferme-le.

Minos était ce chien de garde, moitié molosse et moitié dogue, qui faisait sentinelle la nuit dans les cours du château.

Le jardinier se mit en devoir d'obéir.

Toinon profita de son éloignement momentané pour glisser le coffret sous les coussins de la carriole.

Puis elle dit au rustre qui s'en revenait après avoir enfermé Minos dans une petite chambre qui lui servait à serrer ses outils de jardinage :

— Maintenant, viens avec moi.

— Où allons-nous? dit-il.

— Que t'importe? si je te paye bien?

Et elle lui mit une dizaine de pistoles dans la main.

Dès lors le rustre serait allé au bout du monde, et il prit les rênes de la carriole.

Il avait eu soin d'ouvrir dans la soirée une des grilles du parc, et le cheval qu'il dirigea sur les gazons, au lieu de le mettre sur les allées sablées, partit au grand trot sans faire le moindre bruit.

Un quart d'heure après, Toinon était au Puits-du-Roi.

Elle n'attendit pas longtemps ; le chevalier fut exact.

Il arriva à cheval avec deux pistolets et un poignard à la ceinture.

Toinon lui dit :

— Mettez pied à terre ; montez ensuite dans la carriole et venez...

Le jardinier ne comprenait absolument rien à tout ce qui se passait, mais cela lui était bien égal, attendu que les pistoles se heurtaient dans le gousset de sa veste avec une harmonie enchanteresse.

Toinon lui enjoignit de tenir le cheval de M. des Mazures en main, lui disant :

— Attends-nous là et ne t'impatiente pas ; nous en avons pour un brin de temps.

Le rustre répondit qu'il n'était nullement pressé.

Alors Toinon, qui avait caché fort habilement le coffret, si bien qu'il eût été impossible au chevalier de deviner sa présence dans la carriole, Toinon, disons-nous, fit signe à son complice de monter auprès d'elle.

Et le cheval, lancé à fond de train, reprit le chemin du château, et ne s'arrêta qu'à l'extrémité du parc.

Tout le monde dormait à Beaurepaire, et la carriole, roulant sur le gazon, n'avait fait aucun bruit.

Toinon mit pied à terre la première.

Puis, s'appuyant sur le bras du chevalier avec une sorte d'abandon :

— Oh! lui dit-elle, savez-vous que j'ai des battements de cœur depuis ce matin.

— En vérité! dit le chevalier.

— Et d'horribles pressentiments?

— Bah!

— Si lorsque vous aurez le coffret, vous n'alliez plus vouloir de moi? fit-elle avec un accent plein de caresse et de prière.

— Je suis gentilhomme et je tiens ma parole, et puis tu me plais... dit le chevalier.

— Vrai? fit-elle.

— Sur l'honneur, ma petite.

Ils firent quelques pas, et Toinon dit encore :

— Je haïssais bien ma maîtresse ce matin, mais à présent il me semble que je l'aime...

Folle!

Elle parut trembler et être prise de remords.

Alors le chevalier usa de toute son éloquence et lui persuada qu'envoyer la comtesse des Mazures dans l'autre monde avec un coup de poignard était vraiment une œuvre pie.

Ils arrivèrent ainsi au château, et Toinon fit monter le chevalier dans sa chambre par un petit escalier qui ne servait qu'à elle et à la comtesse.

Là, ses craintes et ses terreurs parurent redoubler.

Elle s'approcha de la porte qui séparait sa chambre de celle de sa maîtresse et eut l'air de prêter l'oreille.

— Elle dort, dit-elle enfin.

— Ouvre-moi cette porte alors, dit le chevalier.

— Auparavant, répondit Toinon, laissez-moi bien vous indiquer.

— Parle.

— La comtesse a au cou une clé.

— Bien.

— Cette clé ouvre un meuble...

— Et dans ce meuble...

— Se trouve le coffret.

Les yeux du chevalier s'enflammèrent.

Toinon, le vol accompli, avait remis la clé au cou de la comtesse endormie.

Le chevalier avait tiré son poignard.

Mais alors Toinon se jeta à son cou et lui dit avec un accent de terreur :

Oh ! pas encore ! j'ai peur...

— Il faut pourtant en finir, dit le chevalier qui avait retrouvé, en dépit de ses cheveux blancs, toute la scélératesse de ses jeunes années.

— Eh bien, dit Toinon, accordez-moi une grâce...

— Laquelle?

— Laissez-moi sortir d'ici... descendre dans le parc... m'éloigner assez pour que si la malheureuse jette un cri d'agonie, ce cri ne parvienne point jusqu'à mon oreille.

— Je frapperai sûrement, répondit le chevalier, et je te garantis qu'elle n'aura pas le temps de crier; mais enfin, puisque tu le veux...

— Je vous en supplie!

— Soit, dit-il.

Elle regarda la pendule qui était sur la cheminée de la chambre.

— Faites-moi un serment, dit-elle.

— Parle.

— Jurez-moi que vous attendrez dix minutes ici.

— Soit encore. Je te le jure.

Alors, Toinon, qui paraissait en proie à un grand trouble, ouvrit sans bruit la porte de communication, puis elle s'élança vers l'escalier, laissant au seuil de cette porte M. des Mazures, le poignard à la main.

Trois minutes après, elle était dans le parc et courait délivrer le chien.

— Il perdra bien un quart d'heure, se dit-elle

alors en reprenant tout son calme, à chercher le coffret.

Quand il descendra, soupçonnant la vérité, il trouvera Minos qui lui sautera à la gorge.

Allons, j'ai le temps.

Et Toinon prit sa course vers l'endroit où elle avait laissé le cheval et la carriole.

Dix minutes plus tard, elle courait à fond de train sur la route de Pithiviers, emportant la fortune de Jeanne, la fille aînée de l'infortunée Gretchen...

. . . .

Le chevalier des Mazures assassina-t-il la comtesse, sa belle-sœur.

C'est ce que nous vous dirons un jour, dans la seconde partie de cette histoire, en vous transportant au milieu de cette sinistre époque qui a eu nom la Terreur, et pendant laquelle la prédiction faite par Toinon la bohémienne à Dagobert le forgeron, devait commencer à se réaliser.

. . . .

FIN DE LA PREMIÈRE PARTIE

COULOMMIERS. — Typog. A. MOUSSIN.

www.ingramcontent.com/pod-product-compliance
Lightning Source LLC
Chambersburg PA
CBHW050546170426
43201CB00011B/1589